Konzepte. Ansätze der Medien- und
Kommunikationswissenschaft

herausgegeben von
Prof. Dr. Patrick Rössler und
Prof. Dr. Hans-Bernd Brosius

Band 6

Veronika Karnowski

Diffusionstheorie

3., aktualisierte und erweiterte Auflage

© Titelbild: higyou – istockphoto.com

Die Deutsche Nationalbibliothek verzeichnet diese Publikation in der Deutschen Nationalbibliografie; detaillierte bibliografische Daten sind im Internet über http://dnb.d-nb.de abrufbar.

ISBN 978-3-7560-0300-6 (Print)
ISBN 978-3-7489-3690-9 (ePDF)

Onlineversion
Nomos eLibrary

3., aktualisierte und erweiterte Auflage 2023
© Nomos Verlagsgesellschaft, Baden-Baden 2023. Gesamtverantwortung für Druck und Herstellung bei der Nomos Verlagsgesellschaft mbH & Co. KG. Alle Rechte, auch die des Nachdrucks von Auszügen, der fotomechanischen Wiedergabe und der Übersetzung, vorbehalten. Gedruckt auf alterungsbeständigem Papier.

Vorwort der Reihenherausgeber

Etliche Jahre schien das Fehlen von Lehrbüchern auch die akademische Emanzipation der Kommunikationswissenschaft zu behindern. Doch in jüngerer Zeit hat der fachkundige Leser die Auswahl aus einer Fülle von Angeboten, die nur noch schwierig zu überblicken sind. Wie lässt es sich dann rechtfertigen, nicht nur noch ein weiteres Lehrbuch, sondern gleich eine ganze Lehrbuchreihe zu konzipieren?

Wir sehen immer noch eine Lücke zwischen den großen Überblickswerken auf der einen Seite, die eine Einführung in das Fach in seiner ganzen Breite versprechen oder eine ganze Subdisziplin wie etwa die Medienwirkungsforschung abhandeln – und andererseits den Einträgen in Handbüchern und Lexika, die oft sehr spezifische Stichworte beschreiben, ohne Raum für die erforderliche Kontextualisierung zu besitzen. Dazwischen fehlen allerdings (und zwar vor allem im Bereich der Mediennutzungs- und Medienwirkungsforschung) monographische Abhandlungen über zentrale KONZEPTE, die häufig mit dem Begriff der „Theorien mittlerer Reichweite" umschrieben werden.

Diese KONZEPTE gehören zum theoretischen Kerninventar unseres Fachs, sie bilden die Grundlage für empirische Forschung und akademisches Interesse gleichermaßen. Unsere Lehrbuchreihe will also nicht nur Wissenschaftlern einen soliden und gleichzeitig weiterführenden Überblick zu einem Forschungsfeld bieten, der deutlich über einen zusammenfassenden Aufsatz hinausgeht: Die Bände sollen genauso Studierenden einen fundierten Einstieg liefern, die sich für Referate, Hausarbeiten oder Abschlussarbeiten mit einem dieser KONZEPTE befassen. Wir betrachten unsere Lehrbuchreihe deswegen auch als eine Reaktion auf die Vorwürfe, mit der Umstellung auf die Bachelor- und Masterstudiengänge würde Ausbildung nur noch auf Schmalspurniveau betrieben.

Die Bände der Reihe KONZEPTE widmen sich deswegen intensiv jeweils einem einzelnen Ansatz der Mediennutzungs- und Wirkungsforschung. Einem einheitlichen Aufbau folgend sollen sie die historische Entwicklung skizzieren, grundlegende Definitionen liefern, theoretische Differenzierungen vornehmen, die Logik einschlägiger Forschungsmethoden erläutern und empirische Befunde zusammenstellen. Darüber hinaus greifen sie aber auch Kontroversen und Weiterentwicklungen auf, und sie stellen die Beziehungen zu theoretisch verwandten KONZEPTEN her. Ihre Gestaltung und ihr Aufbau enthält didaktische Elemente in Form von Kernsätzen, Anekdoten oder Definitionen – ebenso wie Kurzbiografien der Schlüsselautoren und kommentierte Literaturempfehlungen. Sie haben ein Format, das es in der Publikationslandschaft leider viel zu selten gibt: ausführlicher als ein Zeitschriften- oder Buchbeitrag, kompakter als dickleibige Forschungsberichte und konziser als thematische Sammelbände.

Die Reihe KONZEPTE folgt einem Editionsplan, der gegenwärtig 25 Bände vorsieht, die in den nächsten Jahren sukzessive erscheinen werden. Als Autoren zeichnen fachlich bereits ausgewiesene, aber noch jüngere Kolleginnen und Kollegen, die einen frischen Blick auf die einzelnen KONZEPTE versprechen und sich durch ein solches Kompendium auch als akademisch Lehrende qualifizieren. Für Anregungen und Kritik wenden Sie sich gerne an die Herausgeber unter

patrick.roessler@uni-erfurt.de brosius@ifkw.lmu.de

Inhaltsverzeichnis

Abbildungsverzeichnis	9
1. Grundzüge der Theorie	11
1.1 Zeit	13
1.1.1 Der Innovations-Entscheidungs-Prozess	13
1.1.2 Diffusionskurven und Übernehmerkategorien	19
1.2 Innovation	23
1.2.1 Eigenschaften einer Innovation	24
1.2.2 Der Innovations-Entwicklungs-Prozess	26
1.3 Kommunikationskanäle	30
1.3.1 Der Einfluss verschiedener Kommunikationskanäle im Innovations-Entscheidungs-Prozess	30
1.3.2 Soziale Homophilie und soziale Heterophilie im Diffusionsprozess	31
1.3.3 Die Rolle von Onlinemedien	32
1.4 Soziale Systeme	33
2. Entwicklungsgeschichte	35
2.1 Die Wurzeln der Diffusionstheorie	35
2.1.1 Anthropologie	35
2.1.2 Soziologische Ursprünge: Gabriel de Tarde und Georg Simmel	36
2.1.3 Agrarsoziologie	38
2.2 Konsolidierung zu einem Forschungsfeld	40
2.3 Theoretische Vertiefung verschiedener Aspekte	44
2.3.1 Mögliche Übernehmerebenen und Einflüsse	45
2.3.2 Adoptionsformen	45
2.3.3 Diffusion – Verschiedene Arten von Innovationen	47
2.3.4 Kommunikation – Der Einfluss sozialer Netzwerke	49
3. Forschungslogik der Methode	52
3.1 Klassische Vorgehensweise	52
3.2 Kategorisierung von Übernehmern	53
3.3 Skalen zur Erfassung der wahrgenommenen Eigenschaften der Innovation	55
3.4 Methodische Weiterentwicklungen	58
3.4.1 Untersuchungen des zeitlichen Verlaufs von Diffusionsprozessen	58
3.4.2 Netzwerkanalysen	60

4. Empirische Befunde		62
4.1	Diffusion und Übernahme von Medieninnovationen	62
4.2	Diffusion von Nachrichten	67
4.3	News Sharing	72
5. Kritik		76
5.1	Innovationspositivismus	76
5.2	Einzelverschuldens-Bias	77
5.3	Dichotomie: Übernahme vs. Ablehnung einer Innovation	78
5.4	Linearer Diffusionsverlauf	79
5.5	Induktiver Erkenntnisgewinn	79
5.6	KAP-Gap	80
6. Verwandte Ansätze		81
6.1	Theory of Planned Behavior	81
6.2	Uses-and-Gratifications-Approach	82
6.3	Technology Acceptance Model	84
6.4	Aneignungsforschung und Domestication	84
6.5	Mobile Phone Appropriation Modell	85
6.6	Bass-Modell	88
7. "Top Ten" der Forschungsliteratur		91
Literatur		93
Bildnachweise		119
Bisher in der Reihe erschienene Bände		121

Abbildungsverzeichnis

Schaubild 1:	Der Innovations-Entscheidungs-Prozess	14
Schaubild 2:	S-Kurve der Diffusion von Innovationen	21
Schaubild 3:	Übernehmerkategorien	21
Schaubild 4:	Innovations-Entwicklungs-Prozess	26
Schaubild 5:	Hauptelemente der Diffusionsforschung	44
Schaubild 6:	Kumulierte Adoptionskurven einer interaktiven und einer nicht-interaktiven Innovation	48
Schaubild 7:	Zweigipfliger Verlauf von Diffusionskurven	49
Schaubild 8:	Kategorisierung der Adopter nach dem Übernahmezeitpunkt	54
Schaubild 9:	Verbesserte Vorgehensweise zur Untersuchung des zeitlichen Verlaufs von Diffusionsprozessen	58
Schaubild 10:	Verbreitung der Medieninnovation TV in den USA und Dänemark	63
Schaubild 11:	J-Kurve der Nachrichtendiffusion	69
Schaubild 12:	Theory of Planned Behavior	81
Schaubild 13:	Expectancy-Value-Approach	83
Schaubild 14:	Technology Acceptance Model	84
Schaubild 15:	Mobile Phone Appropriation Modell (MPA-Modell)	87

1. Grundzüge der Theorie

Weshalb werden manche Neuerungen wie beispielsweise Smartwatches innerhalb kurzer Zeit zu einem großen Erfolg und andere wie beispielsweise 3D-Fernseher bleiben eine Nischenanwendung? Wie kann man die Geburtenkontrolle im Globalen Süden unterstützen? Weshalb verwenden manche Landwirt*innen eine neue Maissorte und andere nicht, obwohl sie höhere Erträge bringt? Oder abstrakter ausgedrückt: Wie verbreiten sich Innovationen in einem sozialen System? Dieser Frage geht die Diffusionstheorie seit mehr als 70 Jahren nach und konnte eine Vielzahl von Antworten zutage bringen.

Nähert man sich diesem Forschungsgebiet, so stellt sich zunächst die Frage, wie sich der Diffusionsprozess – also die Verbreitung von Innovationen in einem sozialen System – strukturieren lässt. Verschiedene Autor*innen (vgl. u.a. Katz, 1961; Rogers, 2003) bedienen sich hier einer Analogie zur bekannten, den Kommunikationsprozess beschreibenden S-M-C-R-E-Formel „Who [Source] says what [Message] in which channel [Channel] to whom [Receiver] with what effect [Effects]?" (Lasswell, 1948). Ausgehend von einer Quelle (Source) werden auch Innovationen (Message) über verschiedene Kommunikationskanäle (Channel) an die Mitglieder eines sozialen Systems (Receiver) verbreitet und führen zu verschiedenen Konsequenzen (Effects) (vgl. Rogers & Shoemaker, 1972).

Diffusionsprozess

Hieran zeigt sich bereits, dass die Relevanz der Diffusionstheorie für die Kommunikationswissenschaft zweigeteilt ist. Zum einen kann anhand der Diffusionstheorie die Verbreitung von Medieninnovationen untersucht werden, zum anderen spielen massenmediale und interpersonale Kommunikationskanäle jedoch auch bei der Verbreitung jedweder anderen Innovation eine wichtige Rolle (vgl. Kapitel 1.3.1).

Relevanz für die Kommunikationswissenschaft

> **Begriffe**
>
> Diffusion
>
> Diffusion ist der Prozess in dessen zeitlichem Verlauf eine Innovation über verschiedene Kanäle an die Mitglieder eines sozialen Systems kommuniziert wird (vgl. Rogers, 2003).

Akteure

Everett M. Rogers

Der Agrarsoziologe und Kommunikationswissenschaftler Everett M. Rogers wurde am 6. März 1931 in Caroll, Iowa, geboren, wo er auch seine Schulzeit verbrachte. Nach dem Studium der Agrarsoziologie an der Iowa State University und seinem Einsatz im Koreakrieg, promovierte der Sohn eines Landwirts im Fach Agrarsoziologie ebenfalls an der Iowa State University. 1957 wechselte Rogers als Dozent und später Privatdozent an die Ohio State University, bevor er 1964 als Professor für Kommunikationswissenschaft an die University of Michigan berufen wurde. Die Jahre 1975 bis 1985 verbrachte er an der Stanford University, bevor er zwischen 1985 und 1992 an der Annenberg School for Communication der University of Southern California lehrte und forschte. Ab 1993 verbrachte Everett M. Rogers die letzten Jahre seiner akademischen Laufbahn als Professor und Ordinarius, Regent's Professor und Distinguished Professor am Departement of Communication and Journalism der University of New Mexico. Neben diesen Tätigkeiten übernahm Everett M. Rogers im Laufe seiner Karriere eine Reihe von Gastprofessuren, so an der National University of Colombia in Bogotá, am Institut Français de Presse in Paris, an der Universität Bayreuth und an der Nanyang Technological University in Singapur. Everett M. Rogers starb am 21. Oktober 2004 in Albuquerque, New Mexico.

Ausgehend von seiner agrarsoziologischen Doktorarbeit zur Verbreitung von Innovationen gelang es Everett M. Rogers, die bis dahin in verschiedensten Fächern stattfindenden, voneinander isolierten Arbeiten zur Diffusion von Innovationen zu einer Forschungsrichtung zu integrieren. Er gilt damit heute – nicht zuletzt mit Verweis auf die fünf Auflagen seines Hauptwerks „Diffusion of Innovations" – als Begründer der Diffusionstheorie. Neben diesen akademischen Meriten nahm Everett M. Rogers Zeit seines Lebens auch großen Einfluss auf die praktische Umsetzung der Erkenntnisse der Diffusionsforschung, beispielsweise in der Entwicklungshilfe oder dem Gesundheitswesen.

(vgl. Dearing & Singhal, 2006; Shefner-Rogers, 2006)

Kernelemente

Dieser Definition des Begriffes Diffusion folgend, lassen sich vier Kernelemente ausmachen, welche im Zentrum der Diffusionsforschung stehen: Zeit, Innovation, Kommunikationskanäle und soziale Systeme.

Am Beispiel der Verbreitung von XR-Brillen in Deutschland betrachtet, bedeutet dies: Die Diffusionstheorie beschäftigt sich zum einen mit dem zeitlichen Verlauf der Ausbreitung dieser Innovation (vgl. Kapitel 1.1). Zweitens analysiert sie den Prozess der Entstehung einer Innovation sowie die Eigenschaften einer Innovation und ihren Einfluss auf den Diffusionsprozess. Wie läuft der Prozess der Entwicklung von XR-Brillen ab, noch bevor sie tatsächlich in die Hände der Nutzer*innen gelangen? Welche besonderen Eigenschaften neuer XR-Brillen tragen zu ihrer Verbreitung bei (vgl. Kapitel 1.2)? Drittens fragt die Diffusionstheorie nach dem Einfluss verschiedener Kommunikationskanäle in diesem Prozess. Welche Rolle spielt massenmediale Kommunikation wie beispielsweise Werbung in diesem Prozess? Wie wichtig ist die interpersonale Kommunikation für die Verbreitung von XR-Brillen? Viertens betrachtet die Diffusionsforschung das soziale System, in welchem sich eine Innovation verbreitet. So könnten beispielsweise Unterschiede in der Verbreitung von XR-Brillen in verschiedenen Ländern herausgearbeitet werden, welche auf Unterschiede in den unterschiedlichen Gesellschaften zurückzuführen sind.

1.1 Zeit

Eine Vielzahl von Studien ist dem zeitlichen Verlauf der Diffusion von verschiedensten Innovationen nachgegangen, sei es auf der Mikro- oder aber auch der Makroebene (vgl. u.a. Valente, 1993). Dabei ließen sich auf beiden Ebenen Grundmuster des Diffusionsverlaufs beobachten. Den auf der Mikroebene des einzelnen Individuums bei der Übernahme einer Innovation stattfindenden Prozess skizziert Rogers (2003) im sogenannten Innovations-Entscheidungs-Prozess (vgl. Kapitel 1.1.1). Der auf der Makroebene bei der Verbreitung einer Innovation in einem sozialen System stattfindende Prozess wird von ihm durch eine idealtypische Diffusionskurve (S-Kurve) sowie durch die damit einhergehende Einteilung der Übernehmer*innen in verschiedene Adopterkategorien beschrieben (vgl. Kapitel 1.1.2).

Betrachtungsebenen

1.1.1 Der Innovations-Entscheidungs-Prozess

Der Innovations-Entscheidungs-Prozess gliedert sich in fünf (ursprünglich vier) Phasen der Übernahme einer Innovation durch einzelne Übernehmer*innen. Diese Phasen sind primär als eine Aufgliederung zu analytischen Zwecken zu verstehen. Eine systematische Überprüfung dieser Phasen im Sinne verschiedener Stufen eines Übernahmeprozesses steht nach wie vor aus, auch wenn verschiedene Studien eine derartige Auffassung des Innovations-Entscheidungs-Prozesses unterstützen (vgl. u.a. Beal et al., 1957; Coleman, 1966).

Phasen im Diffusionsprozess

Modell

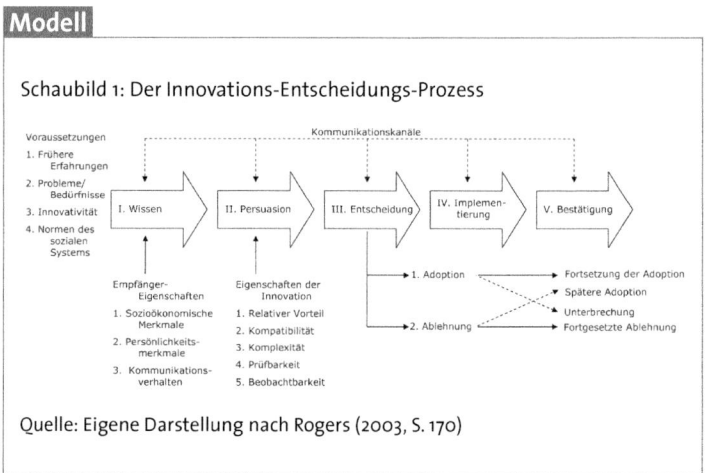

Schaubild 1: Der Innovations-Entscheidungs-Prozess

Quelle: Eigene Darstellung nach Rogers (2003, S. 170)

Voraussetzungen

Bereits vor diesem Prozess definiert Rogers (2003) verschiedene Voraussetzungen, die jedes Individuum mitbringt, wenn der Innovations-Entscheidungs-Prozess einsetzt. Hierzu zählen zunächst frühere Erfahrungen des Individuums, welche im Sinne der Maxime "past behavior predicts future behavior" (vgl. u.a. Oulette & Wood, 1998) den Verlauf des Innovations-Entscheidungs-Prozesses beeinflussen. Daneben stehen die Probleme bzw. Bedürfnisse des Individuums, welche eventuell durch die fragliche Innovation bedient werden können. An dritter Stelle nennt Rogers (2003) die Innovativität des Individuums (vgl. dazu auch Kapitel 1.1.2), d.h. ihre grundsätzliche Neigung Neuerungen anzunehmen im Sinne einer Persönlichkeitseigenschaft. Insbesondere die Marketingforschung ist diesem Konstrukt weiter nachgegangen und hebt die Relevanz der bereichsspezifischen Innovativität für die Übernahmeentscheidung hervor (Goldsmith et al., 1995). Jeong et al. (2017) unterteilen dieses Konstrukt noch weiter in eine Produktbesitz-Innovativität und eine Informations-Innovativität. Ausgehend von ihrer empirischen Studie zu Wearables gehen sie dabei von einem höheren Einfluss der Informations-Innovativität auf die Übernahmeentscheidung aus.

An vierter Stelle schließlich steht das soziale System, in welchem sich das Individuum bewegt (vgl. Kapitel 1.4).

Wissen

Typen von Wissen

In der ersten Phase dieses Prozesses, *Wissen*, erfährt ein Individuum von einer Neuerung und ihrer Funktionsweise. Dabei lassen sich drei Typen oder auch Stufen von Wissen unterscheiden (vgl. Rogers, 2003, S. 172/173):

1. *Awareness-Knowledge* beschreibt das reine Wissen um die Existenz einer Innovation.
2. *How-to-Knowledge* ermöglicht die korrekte Anwendung einer Innovation. Unzureichendes How-to-Knowledge führt oftmals zur Ablehnung einer Innovation oder der Unterbrechung ihrer Nutzung.
3. *Principles-Knowledge* ist das Grundlagenwissen über eine Innovation. Für die Adoption einer Innovation ist Principles-Knowledge nicht nötig. Allerdings ist die Gefahr, eine Innovation falsch zu nutzen und in der Folge die Nutzung abzubrechen, bei fehlendem Principles-Knowledge deutlich erhöht.

Anhand unseres Beispiels der Verbreitung von XR-Brillen bedeutet dies, dass das Individuum zunächst erfährt, dass es eine neue Kategorie von Brillen gibt, die die Funktionalitäten von VR- und AR-Brillen integrieren. Diese Mixed-Reality-Brillen decken also das gesamte Kontinuum von Realität über Augmented Reality bis Virtual Reality ab. Dieses Wissen kann das Individuum auf unterschiedlichsten Wegen erhalten, so zum Beispiel durch ein Gespräch mit Freunden, die bereits eine XR-Brille besitzen oder aber durch den TV-Werbespot eines Anbieters von XR-Brillen, der sein Produkt bewirbt.

Ob dieser Wissenserwerb über eine Innovation aktiv oder passiv verläuft, konnte bisher nicht abschließend geklärt werden. Manche Autor*innen (vgl. u.a. Coleman, 1966) gehen von einer passiven Rolle aus, d.h. das einzelne Individuum sucht nicht aktiv nach entsprechenden Informationen über Neuerungen. Andere Autor*innen (vgl. u.a. Hassinger, 1959) gehen von einem aktiv nach Informationen über Neuerungen suchenden Individuum aus. Es ist davon auszugehen, dass abhängig von den situativen Umständen beide Wege zum Wissen über eine Innovation auftreten (vgl. Rogers, 2003, S. 171). In beiden Fällen geht Rogers (2003) jedoch davon aus, dass das Individuum vor allem zu seinen eigenen Einstellungen kongruente Informationen aufnimmt oder behält. D.h. die aus den konsistenztheoretischen Ansätzen (vgl. u.a. Festinger, 1976; Klapper, 1961) bekannten Prozesse von *Selective Exposure*, *Selective Perception* und *Selective Retention* beeinflussen auch die erste Phase des Innovations-Entscheidungs-Prozesses.

Aktiver vs. passiver Wissenserwerb

Begriffe

Selective Exposure, Selective Perception und Selective Retention

Die Begriffe *Selective Exposure, Selective Perception* und *Selective Retention* bauen auf den Überlegungen der konsistenztheoretischen Ansätze auf, wonach jedes Individuum immer nach einem Gleichgewicht seiner inneren Einstellungen strebt und ein Ungleichgewicht dieser vermeiden möchte.

Selective Exposure bezieht sich dabei auf die präkommunikative Phase und beschreibt die gezielte Zuwendung zu Inhalten, welche den eigenen Einstellungen entsprechen. Der Prozess während der eigentlichen kommunikativen Phase wird als *Selective Perception* bezeichnet. Er beschreibt die selektive Wahrnehmung von zu den Einstellungen des Individuums passenden (kongruenten) Inhalten. *Selective Retention* schließlich bezieht sich auf die postkommunikative Phase und steht für das Behalten von ausschließlich zu den Einstellungen des Individuums kongruenten Inhalten (vgl. u.a. Donsbach, 1991; Festinger, 1976; Klapper, 1961).

Einflussfaktoren Neben diesen Prozessen wird der Wissenserwerb auf dieser ersten Stufe des Innovations-Entscheidungs-Prozesses auch von sozioökonomischen Eigenschaften, Persönlichkeitsmerkmalen und dem Kommunikationsverhalten der potenziellen Übernehmer*in beeinflusst.

Kernsätze

Eigenschaften des Übernehmers und ihr Einfluss auf die Phase des Wissens

1. Individuen, die früh von einer Innovation wissen, weisen einen höheren Bildungsstand auf als Menschen, die davon erst später erfahren.
2. Individuen, die früh von einer Innovation wissen, haben einen höheren sozio-ökonomischen Status als Menschen, die davon erst später erfahren.
3. Individuen, die früh von einer Innovation wissen, nutzen massenmediale Kommunikationskanäle stärker als Menschen, die davon erst später erfahren.
4. Individuen, die früh von einer Innovation wissen, nutzen interpersonale Kommunikationskanäle stärker als Menschen, die davon erst später erfahren.
5. Individuen, die früh von einer Innovation wissen, sind sozial besser vernetzt als Menschen, die davon erst später erfahren.

> 6. Individuen, die früh von einer Innovation wissen, sind weltoffener als Menschen, die davon erst später erfahren.
> (vgl. Rogers, 2003, S. 174)

Persuasion

In der zweiten Phase, der *Persuasion*, setzt sich das einzelne Individuum mit dem Für und Wider der Übernahme einer Innovation auseinander, d.h. es durchdenkt mögliche Konsequenzen einer Übernahme und sucht in seinem Umfeld nach sozialer Unterstützung für die Übernahmeentscheidung (vgl. Rogers, 2003, S. 174ff.). Das Ergebnis dieser Phase des Innovations-Entscheidungs-Prozesses ist somit eine positive oder auch negative Einstellung gegenüber der fraglichen Innovation.

Überzeugung

Hat also beispielsweise eine Person, wie oben skizziert, durch einen Werbespot von der Existenz einer XR-Brille erfahren, so wird sie dieses Thema nun möglicherweise in ihrem Bekanntenkreis zur Sprache bringen. Vielleicht finden sich auch Freund*innen, die bereits eine XR-Brille nutzen und positiv von ihren Erfahrungen damit berichten. Basierend auf diesen Informationen bildet sich unser Individuum dann eine – in diesem Fall wohl positive – Einstellung gegenüber der Nutzung einer XR-Brille.

Rogers (2003, S. 175) lehnt einen Einfluss massenmedialer Inhalte in dieser Phase explizit als zu unspezifisch ab: „Mass media messages are too general to provide the specific kind of reinforcement that the individual needs to confirm his or her initial beliefs about the innovation". Vielmehr wird die Einstellung gegenüber der Innovation aus den subjektiven Einschätzungen der Eigenschaften einer Innovation durch den Übernehmer gebildet, welche eine Übernahme erleichtern oder auch erschweren können (vgl. Kapitel 1.2.1).

Einflussquellen

Jedoch muss eine positive Einstellung gegenüber einer Innovation nicht immer auch zwingend zu einer Übernahme dieser Neuerung führen. Diese Tatsache wird als KAP-Gap (*Knowledge, Attitudes, Practice*; vgl. Kapitel 5.6) bezeichnet. Diese beispielsweise auch durch die Theory of Planned Behavior (vgl. Kapitel 6.1; ausführlich dazu auch der Band von Rossmann, 2021 in dieser Reihe) erklärbare ‚Lücke' lässt sich besonders häufig bei präventiven Innovationen wie beispielsweise ‚Safer Sex' beobachten (vgl. Rogers, 2003, S. 174 f.).

KAP-Gap

Entscheidung

Entscheidung bedeutet, dass die in der vorangegangenen Phase gebildete Einstellung in konkretes Verhalten umgesetzt wird, d.h. die

Übernahme

Innovation wird entweder übernommen oder abgelehnt. Um bei unserem Beispiel zu bleiben, kauft sich das Individuum nun also eine XR-Brille und beginnt sie zu nutzen.

Ablehnung — In der Phase der Entscheidung unterscheidet Rogers (2003, S. 177ff.) zwischen einer aktiven und einer passiven Ablehnung. Aktive Ablehnung ist die Ablehnung der Übernahme einer Innovation auf Basis einer sorgfältigen Einstellungsbildung gegenüber dieser Innovation. Passive Ablehnung dahingegen tritt dann auf, wenn das Individuum nie wirklich in Erwägung zieht, die fragliche Innovation zu übernehmen.

Implementierung

Nutzung — Die erst in der dritten Auflage seines Werks „Diffusion of Innovations" von Rogers (1983) in den Innovations-Entscheidungs-Prozess eingefügte Phase der *Implementierung* beschreibt die tatsächliche Nutzung der Innovation durch die Übernehmer*in, d.h. die Übernehmer*in setzt ihre Übernahmeentscheidung an dieser Stelle in eine nachhaltige, offenkundige Verhaltensänderung um. Nun wird unser Individuum also beginnen, sein tägliches Fitnesstraining unterstützt durch die XR-Brille durchzuführen oder Videotelefonate mit der XR-Brille zu führen.

Re-Invention — Oftmals suchen die Übernehmer*innen in dieser Phase aktiv nach Informationen, um sich über verschiedene Nutzungsmöglichkeiten der Innovation und mögliche Probleme zu informieren (vgl. Rogers, 2003, S. 179 f.). In dieser Phase der Implementierung lässt sich auch das Phänomen der Re-Invention, d.h. der Veränderung der Innovation durch Nutzer*innen im Zuge der Übernahme und Implementierung beobachten (vgl. Kapitel 2.3.2). Klassisches Beispiel für dieses Phänomen ist die SMS, deren soziale Nutzung – wie sie insbesondere durch Jugendliche gegen Ende der 1990er-Jahre entdeckt wurde – von den technischen Entwickler*innen nicht vorausgesehen war. So berichtet der Vorsitzende der Firma CMG, die maßgeblich an der Erfindung der SMS beteiligt war, Cor Stutterheim: „When we created SMS (Short Messaging Service) it was not really meant to communicate from consumer to consumer and certainly not meant to become the main channel which the younger generation would use to communicate with each other" (Wray, 2002).

Bestätigung

Dissonanzreduktion — In Anlehnung an die Überlegungen der Dissonanztheorien (vgl. u.a. Festinger, 1976; Klapper, 1961) suchen Übernehmer*innen in der Phase der *Bestätigung* nach Informationen, welche ihre Entscheidung stützen. Sie versuchen somit Dissonanz zu vermeiden bzw. zu reduzieren. Das Individuum aus unserem Beispiel wird nun also beispielsweise im Gespräch mit Freunden und Bekannten nach Unterstützung für seinen Kauf einer XR-Brille suchen.

Findet es jedoch primär dissonante Informationen auf, so kommt es zu einer Änderung seines Verhaltens, d.h. zu einer Unterbrechung der Übernahme (vgl. u.a. Mason, 1962). Hier lassen sich zwei verschiedene Formen unterscheiden: Bei der *Ablösung* unterbricht die Übernehmer*in die Übernahme einer Innovation zugunsten der Übernahme einer neuen, überlegenen Innovation, beispielsweise dem neueren Modell einer XR-Brille. Im Falle der *Ernüchterung* dahingegen unterbricht die Übernehmer*in die Übernahme, da sie von der Nutzung der Innovation enttäuscht ist. Generell lässt sich dabei feststellen, dass Übernehmer*innen, welche eine Innovation erst in einem späteren Stadium des Diffusionsprozesses übernehmen, die Übernahme der Innovation häufiger abbrechen als frühe Übernehmer*innen (vgl. Rogers, 2003, S. 189ff.).

Ablösung/Ernüchterung

1.1.2 Diffusionskurven und Übernehmerkategorien

Neben der im vorangegangenen Abschnitt vorgestellten Betrachtung des Diffusionsprozesses auf der Mikroebene des einzelnen Individuums lässt sich dieser Prozess auch auf einer Makroebene als Prozess der Verbreitung einer Innovation in einem sozialen System beschreiben. Um bei unserem Beispiel zu bleiben, kann man also nicht nur betrachten, wie, wann und unter welchen Umständen einzelne Nutzer*innen eine XR-Brille kaufen und zu nutzen beginnen, sondern man betrachtet die Verbreitung von XR-Brillen unter der Gesamtheit der deutschen Bevölkerung im Zeitverlauf.

Makroebene

Betrachtet man auf dieser Ebene die kumulierte Adoptionsrate in Abhängigkeit von der Zeit, so ergibt sich bei erfolgreichen Innovationen ein charakteristischer Verlauf: die S-Kurve. Zu Beginn des Diffusionsprozesses ist die Steigung noch relativ gering. Der Punkt an welchem die Kurve dann ‚an Fahrt aufnimmt' und ihre Steigung rapide ansteigt, wird als kritische Masse[1] bezeichnet.

S-Kurve

---

1 Das ursprünglich aus der Physik stammende Prinzip der kritischen Masse wird in vielen wissenschaftlichen Disziplinen benutzt, um denjenigen Punkt in einem Prozess zu bezeichnen, ab welchem sich dieser Prozess selbsttätig fortsetzt.

> **Begriffe**
>
> Kritische Masse
> Als kritische Masse wird in der Diffusionstheorie derjenige Punkt im Verlauf der Diffusion einer Innovation bezeichnet, ab welchem genügend Individuen die Innovation übernommen haben, sodass sich die Innovation selbsttätig weiterverbreitet. In der S-Kurve der Diffusion ist dieser Punkt durch die nach ihm deutlich anwachsende Steigung der Kurve charakterisiert (vgl. Rogers, 2003, S. 343).

Kritische Masse

An dieser Stelle beginnen die frühen Übernehmer*innen, unter welchen sich überdurchschnittlich viele Meinungsführer*innen (zum Konzept der Meinungsführer siehe ausführlich den Band von Geise, 2017 in dieser Reihe) befinden, die Innovation zu übernehmen und aufgrund ihrer starken sozialen Vernetzung auch zu verbreiten (vgl. Markus, 1987). Zum Ende des Diffusionsprozesses hin flacht der Verlauf der Kurve dann langsam ab bis auch die letzten Übernehmer*innen die Innovation adoptieren (siehe Schaubild 2). Der Verlauf dieser kumulierten Adoptionsrate im Zeitverlauf stellt ein vielfach und für Innovationen aller Bereiche belegtes Phänomen dar (vgl. u.a. Bose, 1964; Hamblin et al., 1979; Grattet et al., 1998; Rogers, 1958; Ryan, 1948).

Glockenkurve

Betrachtet man diesen Verlauf auf einer nicht kumulierten Basis, d.h. die Zahl der Übernehmer*innen pro Zeiteinheit, so ergibt sich eine glockenförmige Kurve, welche sich mathematisch durch die Normalverteilung beschreiben lässt (vgl. Schaubild 3). Auf Basis dieser Glockenkurve lassen sich verschiedene Typen von Übernehmer*innen in Abhängigkeit von ihrem Übernahmezeitpunkt unterscheiden (vgl. Rogers, 1958; Rogers, 1962): Innovatoren, frühe Übernehmer, frühe Mehrheit, späte Mehrheit und Nachzügler.

Übernehmerkategorien

Diese Abgrenzung der verschiedenen Übernehmerkategorien nach Rogers (1958; 1962) orientiert sich an der Standardabweichung des Übernahmezeitpunkts. Dabei ist die Einteilung jedoch nicht symmetrisch. Auf der einen Seite unterscheidet Rogers (1958; 1962) zwischen Innovatoren und frühen Übernehmern, da sich diese in wichtigen Punkten unterscheiden. Die Gruppe der Nachzügler hingegen bildet eine weitgehend homogene Nutzergruppe, sodass Rogers hier auf eine analoge Unterteilung zu derjenigen zwischen Innovatoren und frühen Übernehmern verzichtet.

1. Grundzüge der Theorie 21

Modell

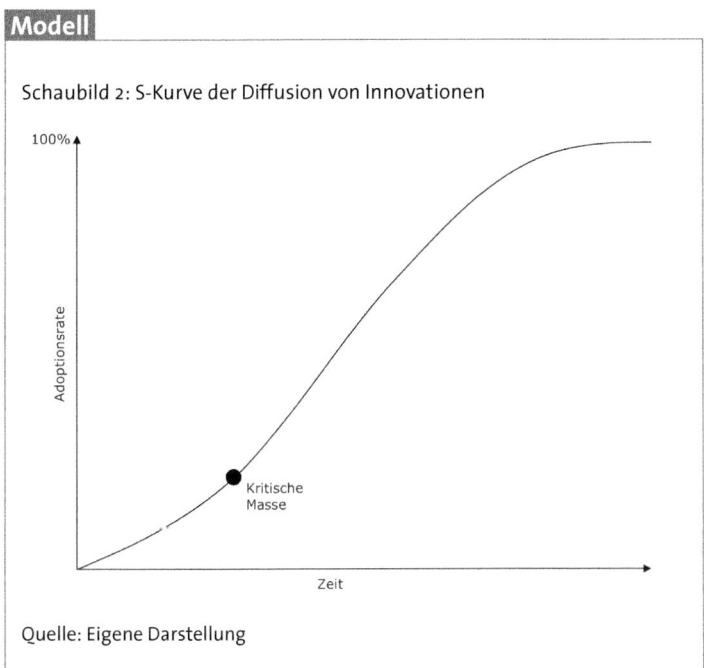

Schaubild 2: S-Kurve der Diffusion von Innovationen

Quelle: Eigene Darstellung

Modell

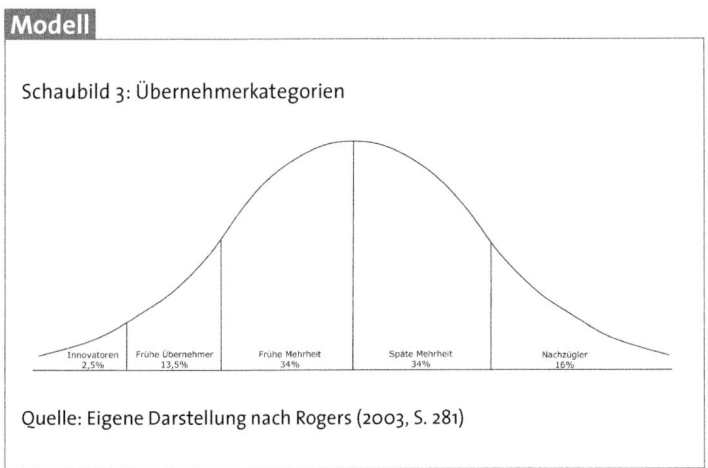

Schaubild 3: Übernehmerkategorien

Quelle: Eigene Darstellung nach Rogers (2003, S. 281)

Innovatoren

Die ersten Übernehmer*innen einer Innovation werden als Innovatoren bezeichnet. Diese Nutzergruppe zeichnet sich insbesondere durch ihre hohe Risikobereitschaft aus – eine Risikobereitschaft, welche ihnen im Allgemeinen durch ausreichende (finanzielle) Ressourcen er-

Hohe Risikobereitschaft

möglicht wird, die sie auch Fehlinvestitionen in letztlich scheiternde Innovationen verschmerzen lässt. Gleichzeitig benötigen diese Übernehmer*innen ein hohes Maß an Unsicherheitstoleranz, da zu diesem frühen Zeitpunkt der Übernahme noch in keiner Weise feststeht, ob sich die Innovation zu einem Erfolg entwickeln wird. Innovatoren haben im Allgemeinen eine Vielzahl an sozialen Kontakten, auch über ihr lokales Umfeld hinaus. Mit diesen oftmals geographisch weit entfernten Freund*innen und Bekannten teilen sie das Interesse an und die Kenntnisse über spezifische Neuerungen, die es ihnen ermöglichen, diese verstehen und anwenden zu können. Innovatoren sind die bei Weitem kleinste Übernehmergruppe mit einem idealtypischen Anteil von etwa 2,5 % aller Übernehmer*innen.

Frühe Übernehmer

Meinungsführer

Im nächsten Schritt verbreitet sich eine Innovation auch unter den frühen Übernehmern. Diese spielen eine entscheidende Rolle im Diffusionsprozess: Frühe Übernehmer sind lokal sehr gut vernetzte Meinungsführer*innen (zum Konzept der Meinungsführer und ihrer Rolle im Diffusionsprozess siehe auch ausführlich den Band von Geise, 2017 in dieser Reihe), welche zum einen überdurchschnittlich häufig von ihrem Umfeld um Rat bezüglich der Übernahme einer Innovation gefragt werden. Zum anderen dienen sie ihrem Umfeld auch als Vorbilder für den Umgang mit einer Innovation. Damit helfen frühe Übernehmer einer Innovation dabei, eine kritische Masse an Übernehmern zu erreichen. Auch bei den frühen Übernehmern handelt es sich mit 13,5 % um eine kleine Nutzergruppe.

Frühe Mehrheit

Vielzahl an Sozialkontakten

Hat eine Innovation den Punkt der kritischen Masse überschritten, so wird sie im nächsten Schritt von einer relativ großen Gruppe übernommen: der frühen Mehrheit. Diese Gruppe macht etwa 34 % der Übernehmer aus. Mitglieder der frühen Mehrheit verfügen über eine Vielzahl an Sozialkontakten, sind jedoch im Allgemeinen keine Meinungsführer*innen. Sie agieren gemäß dem bekannten Zitat des Dichters Alexander Pope (1712, S. 17): „Be not the first by whom the new are try'd, nor yet the last to lay the old aside".

Späte Mehrheit

Sozialer Druck

Für die späte Mehrheit ist die Übernahme einer Innovation oftmals entweder eine wirtschaftliche Notwendigkeit oder eine Folge starken sozialen Drucks, d.h. die sozialen Normen müssen klar für eine Innovation sprechen bevor die späte Mehrheit sie übernimmt. Die späte Mehrheit betrachtet Innovationen generell skeptisch und eher ablehnend. Mit ebenfalls etwa 34% ist diese Gruppe gleich groß wie die frühe Mehrheit der Übernehmer.

Nachzügler
Die letzte, mit etwa 16% kleine Gruppe an Übernehmer*innen wird als Nachzügler bezeichnet. Diese sind stark an der Vergangenheit orientiert und misstrauisch gegenüber Innovationen. Dieses Misstrauen begründet sich auch aus ihren begrenzten Ressourcen, weswegen sie größtmögliche Sicherheit bei der Übernahme einer Innovation benötigen. Nachzügler sind sozial weitgehend isoliert bzw. pflegen nur soziale Kontakte zu anderen Nachzüglern.

Misstrauen

1.2 Innovation

Neben der Zeit stellt die Innovation selbst – in unserem Beispiel also XR-Brillen – das zweite wichtige Element des Diffusionsprozesses dar. Innovation wird dabei von Rogers (2003, S. 12) subjektiv aus der Sicht der Übernehmer*in definiert:

> **Begriffe**
>
> Innovation
> Eine Innovation ist eine Idee, Tätigkeit oder Objekt, welche von der Übernehmer*in als neu angesehen wird.

Dabei setzen sich nach Rogers (2003) Innovationen zumeist aus zwei Komponenten zusammen: dem physischen Objekt und den damit verbundenen Informationen. Teilweise bestehen Innovationen auch rein aus Informationen, so z.B. bei neuen Ideologien.

Im Allgemeinen setzt sich die Diffusionstheorie mit der Verbreitung einzelner Innovationen auseinander. Tatsächlich sind jedoch oftmals verschiedene Innovationen im Rahmen eines Technologieclusters (vgl. Rogers, 2003) eng miteinander verbunden. Die Einzelinnovationen eines Technologieclusters sind, auch in den Augen der Nutzer*innen, eng miteinander verbunden und verbreiten sich gemeinsam, sodass sich die Diffusionsprozesse gegenseitig beeinflussen. Ein Beispiel für einen Technologiecluster stellt das Smartphone inklusive aller seiner Anwendungsmöglichkeiten dar. Es handelt sich hier um ein Bündel von Einzelinnovationen, wie mobile Telefonie, Kurznachrichten, verschiedene Apps etc., welche eng miteinander verwoben sind und sich gemeinsam verbreiten. Konsequenterweise lässt sich hier auch eine deutliche gegenseitige Beeinflussung der Diffusionsprozesse vermuten (vgl. Rogers, 2003).

Technologiecluster

1.2.1 Eigenschaften einer Innovation

Der Diffusionsprozess wird durch verschiedene Eigenschaften der Innovation selbst maßgeblich beeinflusst (vgl. Rogers, 2003, S. 229ff.):

Relativer Vorteil bezeichnet Vorteile, welche die Übernehmer*innen aus der Übernahme der Innovation ziehen. Diese sind sowohl von der Art der Innovation, als auch von der Person der Übernehmer*in abhängig. So kann der relative Vorteil durch die Übernahme einer Innovation beispielsweise in einem höheren ökonomischen Ertrag, geringeren Ausgangskosten, mehr Komfort, sozialem Prestige, Zeitersparnis, Aufwandsersparnis oder auch schnelleren Erfolgen liegen. Ein relativer Vorteil erhöht die Übernahmewahrscheinlichkeit einer Innovation (vgl. u.a. Dan et al., 2019; Fliegel & Kivlin, 1966 a, b; Fliegel et al., 1968; Walsh & Linton, 2000). In unserem Beispiel der XR-Brille könnte ein relativer Vorteil im mit der Nutzung einer XR-Brille verbundenen sozialen Prestige liegen.

Die Vereinbarkeit einer Innovation mit bestehenden Werten und Einstellungen der Übernehmer*innen, bereits eingeführten Ideen oder den Bedürfnissen der Übernehmer*innen wird als *Kompatibilität* bezeichnet. Auch diese erhöht die Übernahmewahrscheinlichkeit einer Innovation (vgl. u.a. Bardini, 1994; Brandner & Straus, 1959; Bower & Christensen, 1995; Fidler, 1997; Jensen, 1991; Kaplan, 1999; Lansing, 1991). Da die Nutzung einer XR-Brille eine Erweiterung der Nutzung vieler Onlinedienste darstellt, wäre für intensive Onliner hier Kompatibilität gegeben. Lehnt eine Nutzer*in jedoch grundlegendend das Tragen von Brillen ab, sei es aus modischen Erwägungen oder aus Bequemlichkeitsgründen, so fällt die Kompatibilität gering aus, und eine Übernahme der Innovation ist unwahrscheinlich.

Auch die *Möglichkeit des Ausprobierens* steigert die Übernahmewahrscheinlichkeit einer Innovation. Dabei kann die Innovation in der Zeit des Ausprobierens möglicherweise durch die Nutzer*innen verändert werden, es kommt zur Re-Invention (vgl. Kapitel 2.3.2). Würde unser Individuum beispielsweise zunächst die XR-Brille einer Freundin ausprobieren, so würde dies die Übernahmewahrscheinlichkeit erhöhen.

In dem Maße, in dem der potenzielle Übernehmer die Ergebnisse einer Innovation bei anderen Übernehmern beobachten kann, erhöht sich ebenfalls die Übernahmewahrscheinlichkeit für die fragliche Innovation. Dies wird als *Beobachtbarkeit* bezeichnet. Wenn man also bei Freund*innen deren Freude an der Nutzung einer XR-Brille beobachtet, so erhöht diese Beobachtbarkeit die Übernahmewahrscheinlichkeit.

1. Grundzüge der Theorie

Den gegenteiligen Effekt hat die *Komplexität* einer Innovation. Je schwieriger es die Übernehmer*in empfindet, eine Innovation zu verstehen und zu nutzen, desto geringer ist die Wahrscheinlichkeit, dass sie sie übernehmen wird. Hier nimmt also die konkrete Ausgestaltung der Innovation Einfluss. Sollte die Nutzer*in die Bedienung einer XR-Brille als sehr komplex und schwierig empfinden, da beispielsweise die Menüführung uneingängig ist, so wird dies die Wahrscheinlichkeit mindern, dass sie diese Innovation übernimmt.

Komplexität

> **Kernsätze**
>
> Eigenschaften einer Innovation und ihr Einfluss auf die Adoptionswahrscheinlichkeit
>
> Relativer Vorteil, Kompatibilität, die Möglichkeit des Ausprobierens und Beobachtbarkeit einer Innovation erleichtern ihre Übernahme; Komplexität erschwert sie.

Generell sind die genannten Eigenschaften einer Innovation nicht statisch, sondern verändern sich oftmals im Laufe des Diffusionsprozesses einer Innovation. So kann sich beispielsweise der relative Vorteil einer Innovation vergrößern, da ihr Preis mit steigendem Absatz im Laufe des Diffusionsprozesses sinkt.

> **Anekdoten**
>
> *Die Mikrowelle – erst im zweiten Anlauf ein Erfolg*
>
> *Verschiedene Einflussfaktoren auf die erfolgreiche Übernahme einer Innovation lassen sich am Beispiel der Mikrowelle illustrieren. Bereits 1947 hatte der US-amerikanische Rüstungskonzern Raytheon unter dem Namen "Radarrange" einen Ofen auf den Markt gebracht, der mithilfe von pulsierenden Mikrowellensendern, wie sie aus der Radartechnik bekannt waren, Speisen erhitzte. Das 1,70 m hohe und 340 kg schwere Gerät wurde als neueste Errungenschaft der Radartechnik vermarktet, fand jedoch kaum Abnehmer*innen, sodass die Produktion schon bald wieder eingestellt wurde. Die geringe Nachfrage ist größtenteils mit der geringen Kompatibilität des Gerätes mit Haushaltsküchen und Küchengeräten zu erklären. So war das Gerät deutlich zu groß, und auch die Vermarktung als Errungenschaft der Militärtechnik passte nicht in den Kontext der Küche. Auch der relative Vorteil des Gerätes, nur geringe Speisenmengen zu erwärmen, wurde erst in den 1960er- und 1970er-Jahren mit einer steigenden Menge an Singlehaushalten relevant. In diese Zeit fiel dann auch der Siegeszug der nun deutlich kleineren Mikrowelle,*

wie sie heute in den meisten Küchen zu finden ist (vgl. Bauer, 2006, S. 14).

1.2.2 Der Innovations-Entwicklungs-Prozess

Entstehung einer Innovation

Während sich der Innovations-Entscheidungs-Prozess mit der Übernahme einer Innovation durch die Nutzer*innen beschäftigt (vgl. Kapitel 1.1.1), weitet der Innovations-Entwicklungs-Prozess den Fokus auf die Entstehung einer Innovation aus. Er betrachtet somit auch die Abläufe vor Beginn der Diffusion einer Innovation (vgl. Rogers, 2003, S. 136ff.).

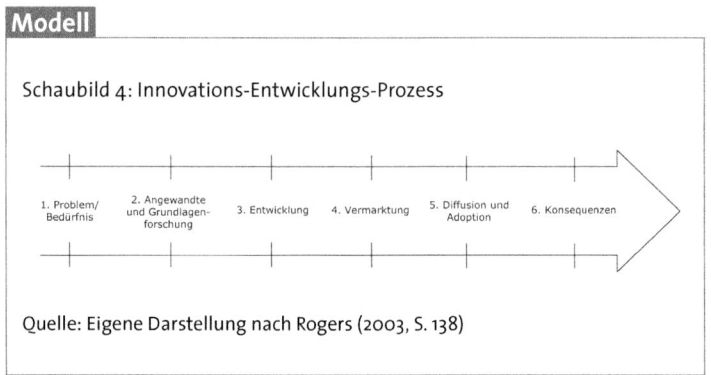

Schaubild 4: Innovations-Entwicklungs-Prozess

1. Problem/Bedürfnis 2. Angewandte und Grundlagenforschung 3. Entwicklung 4. Vermarktung 5. Diffusion und Adoption 6. Konsequenzen

Quelle: Eigene Darstellung nach Rogers (2003, S. 138)

Problem/Bedürfnis

Zu Beginn dieses Prozesses wird ein *Problem bzw. Bedürfnis* erkannt. Dies kann einerseits geschehen, indem Wissenschaftler*innen prospektiv erkennen, dass in der Zukunft ein Problem auftreten wird und folglich entsprechende Forschungsvorhaben starten, um diesem zukünftigen Problem zu begegnen. Zum anderen kann ein bestehendes Problem jedoch auch einen höheren gesellschaftlichen Stellenwert erhalten und deshalb nach einer Lösung für dieses Problem gesucht werden. In diesem Prozess spielen Massenmedien eine wichtige Rolle. Durch die Thematisierung von Problemen tragen sie dazu bei, dass diese auch auf der Agenda der Bevölkerung größeres Gewicht erhalten. Dieser Prozess wird als Agenda-Setting bezeichnet (vgl. auch McCombs & Shaw, 1972; Brosius, 1994; Rössler, 1997; ausführlich dazu auch der Band von Maurer, 2017 in dieser Reihe).

Angewandte und Grundlagenforschung

Die *angewandte und Grundlagenforschung* stellt den zweiten Schritt zur Lösung dieses Problems dar: „An invention (defined as the process by which a new idea is discovered or created) may result from a sequence of (1) basic research, followed by (2) applied research, leading to (3) development" (Rogers, 2003, S. 140). Neben der planvollen wissenschaftlichen Forschung zur Lösung eines Problems sind in diesem Zusammenhang zwei weitere Phänomene von Bedeutung. Zum einen ist dies Serendipity. Serendipity beschreibt die zufällige Entdeckung einer neuen Idee, wie es beispielsweise bei der Entwicklung des Penicillins der Fall war. Zum anderen können auch bestimmte Nutzergruppen in dieser Phase Einfluss auf den Entwicklungsprozess haben. Diese Einbindung von Nutzer*innen wird insbesondere in den Wirtschaftswissenschaften unter dem Stichwort ‚Lead-User-Konzept' (vgl. von Hippel, 1986; von Hippel, Thomke & Sonnack, 1999) diskutiert.

Anekdoten

Die Entdeckung des Penicillins

Im September 1928 kehrte Alexander Fleming nach einem einmonatigen Urlaub an seinen Arbeitsplatz im St. Mary's Hospital zurück. Sein Labor mit Blick auf die betriebsame Praed Street in London war eng und unordentlich. Fleming begann einen Stoß alter Petrischalen aufzuräumen, welche während seiner Abwesenheit auf dem Labortisch stehengeblieben waren. Nachdem er zunächst nichts Interessantes in den Schalen gesehen hatte, warf er sie in eine Wanne mit Lysol. Als später sein ehemaliger Assistent R. D. Pryce vorbeikam, zeigte Fleming ihm einige der Schalen, welche außerhalb der Reichweite des Desinfektionsmittels oben auf dem Stapel lagen. Nun sah Fleming, dass eine der Schalen mit einem Schimmelpilz verunreinigt war. Auf der Oberfläche der Kultur wuchsen Bakterien (ein Krankheitserreger), aber seltsamerweise war die runde Schimmelpilzkolonie von einer klaren Fläche umgeben, in der keine Bakterien wuchsen. Tötete der Schimmelpilz die Bakterien? Fleming war fasziniert genug, um eine Kultur des ungewöhnlichen Schimmelpilzes anzulegen (und die heute berühmte Petrischale aufzubewahren). Innerhalb einiger Wochen hatte er die Arbeit an einer Reihe von Experimenten mit einem flüssigen Extrakt des Penicillinum-Schimmelpilzes begonnen, welcher über überraschende antibakterielle Fähigkeiten zu verfügen schien (Jorgensen-Earp & Jorgensen, 2002, S. 69/70).

Obwohl Forschung und Entwicklung in der Praxis untrennbar miteinander verbunden sind, trennt Rogers (2003) diese beiden Aspekte im Rahmen seines Innovations-Entwicklungs-Prozesses aus analytischen Gründen. *Entwicklung* als dritte Phase ist somit der Prozess, in welchem eine neue Idee in eine Form gebracht wird, die den Erwartungen und Bedürfnissen der Nutzer*innen entspricht. Um diesen

Entwicklung

Prozess zu unterstützen, bedienen sich Firmen sogenannter ‚Skunk Works'. Dies sind spezielle Abteilungen oder Einrichtungen, welche aus den normalen Routinen und organisatorischen Abläufen herausgelöst sind. Durch ihre besonders anregende Gestaltung sollen sie einer kleinen Gruppe von Individuen helfen, neue Ideen zu entwickeln.

Anekdoten

Die Entstehung des Begriffs ‚Skunk Works'

Der Name ‚Skunk Works' entstand während des Zweiten Weltkriegs als Bezeichnung für die Lockheed Advanced Development Projects Abteilung in Burbank. Aus Platzmangel wurde dieses Entwicklungszentrum in einem gemieteten Zirkuszelt nahe einer Plastikfabrik in Burbank eingerichtet, was den positiven Nebeneffekt hatte, dass durch den beißenden Geruch der Plastikfabrik auch neugierige Zaungäste ferngehalten wurden. Die Gerüche erinnerten die Mitarbeiter an den „Skonk Works" genannten Destillierapparat aus Al Capps „L'il Abner" Comics, in welchem alte Schuhe und tote Stinktiere verkocht wurden. Der Name blieb hängen und wurde auf andere seither gegründete Forschungs- und Entwicklungszentren verschiedener Firmen übertragen. Aufgrund eines Einspruchs des Verlegers von Al Capp wurde der Begriff 1960 dann jedoch als „Skunk Works" geschützt (Rich & Janos, 1994, S. 11/12).

Vermarktung

Im vierten Schritt wird die Innovation – oftmals in Form von Technologieclustern – *vermarktet*. Dabei stellt sich die kritische Frage, wann eine neue Entwicklung reif hierfür ist, d.h. wann der Prozess von *Diffusion und Übernahme* beginnen kann, welcher im Innovations-Entscheidungs-Prozess detailliert beschrieben wird (vgl. Kapitel 1.1.1).

Auch in diesem Prozess der Vermarktung spielt Kommunikation eine zentrale Rolle. So ist es integraler Bestandteil der Vermarktung einer Innovation, Informationen über das Produkt zu verbreiten, die Nachfrage nach diesem Produkt zu kreieren bzw. zu erhöhen, Image und Reputation des Produkts zu stärken, etc. (vgl. Nelson, 2008). Der Einsatz verschiedener sowohl massenmedialer als auch interpersonaler Kommunikationskanäle zu diesen Zwecken wird neben einer Reihe anderer Themen im Rahmen der Organisationskommunikation diskutiert (vgl. u.a. Herger, 2004; Theis-Berglmair, 2003).

Konsequenzen

Am Ende des Innovations-Entwicklungs-Prozesses stehen die *Konsequenzen* einer Innovation, sowohl für das einzelne Individuum, als auch für das gesamte soziale System. Dies sind alle Veränderungen, die infolge der Übernahme oder Zurückweisung einer Innovation entstehen.

Rogers (2003) unterscheidet zum einen zwischen erwünschten und unerwünschten Konsequenzen einer Innovation. Die meisten Innovationen erweisen sich in dieser Hinsicht jedoch als heterogen, da sie für manche Individuen positive, für andere negative Konsequenzen nach sich ziehen. Die in diesem Zusammenhang häufige Situation, dass frühe Übernehmer Vorteile aus ihrer frühen Übernahme ziehen können, wird als „windfall profit" bezeichnet. So konnte Rogers (1962) in einer Re-Analyse der Daten von Ryan und Gross (1943) zeigen, dass die Innovatoren in dieser Studie langfristig ökonomisch von dieser frühen Übernahme profitiert haben. Ähnlich finden Ling et al. (2019) auch in der jüngeren Vergangenheit ökonomische Vorteile für Kleinunternehmer*innen in Myanmar, welche zu den ersten Übernehmer*innen von Mobiltelefonen gehören. Zum anderen lässt sich theoretisch zwischen direkten und indirekten sowie erwarteten und unerwarteten Konsequenzen unterscheiden. Dabei stehen diese theoretischen Unterscheidungen in engem Zusammenhang: „The undesirable, indirect, and unanticipated consequences of an innovation usually go together, as do the desirable, direct, and anticipated consequences." (Rogers, 2003, S. 449)

Jedoch gibt es bis heute kaum empirische Daten zum Auftreten von Konsequenzen einer Innovation, und sie bleiben weitgehend unvorhersagbar. Als größtes Problem bei der Prognose von Konsequenzen einer Innovation hat sich dabei die Bedeutung einer Innovation für die Übernehmer*innen erwiesen. Während sich Form und Funktion, d.h. der Beitrag, den eine Innovation zum Leben der Mitglieder eines sozialen Systems leisten kann, weitestgehend abschätzen lassen, ist dies für die Bedeutung im Allgemeinen nicht der Fall. Die subjektive Wahrnehmung und Bedeutungszuweisung durch die Mitglieder eines sozialen Systems lässt sich bisher nur äußerst schlecht prognostizieren (vgl. Rogers, 2003). In diesem Punkt wird auch einer der häufigsten Kritikpunkte an der Diffusionsforschung deutlich: der Innovationspositivismus (vgl. Kapitel 5.2), d.h. Innovationen stehen im Allgemeinen in einem positiven Licht und werden nicht kritisch, etwa hinsichtlich ihrer Konsequenzen, hinterfragt.

Prognose von Konsequenzen

In empirischen Studien wurde der Innovations-Entwicklungs-Prozess bisher zumeist nur retrospektiv nachgezeichnet. Diese als Tracer-Studien bezeichneten Untersuchungen haben gezeigt, dass echte Fortschritte immer erst durch eine große Zahl an Einzelinnovationen

Tracer-Studien

erzielt werden können, was im Allgemeinen über einen sehr langen Zeitraum von mehreren Jahrzehnten geschieht. Zudem zeigt sich, dass Innovationen zumeist durch Forschung entstehen, welche nicht auf die Lösung eines konkreten sozialen Problems hinarbeitet (vgl. Comroe, 1977; Isenson, 1969; Van de Ven et al., 1989). Problematisch an retrospektiven Tracer-Studien ist, dass zufällige und ungeplante Ereignisse retrospektiv nur selten berichtet werden. Zudem umfassen diese Studien zumeist nur den Weg bis zur Markteinführung. Der Prozess der Diffusion einer Innovation und die daraus entstehenden Konsequenzen werden ausgeklammert.

1.3 Kommunikationskanäle

1.3.1 Der Einfluss verschiedener Kommunikationskanäle im Innovations-Entscheidungs-Prozess

Der Informationsfluss über die verschiedensten Kommunikationskanäle spielt in allen Phasen des Diffusionsprozesses eine wichtige Rolle (vgl. auch Schaubild 1). Abhängig von den unterschiedlichen Phasen in diesem Prozess kommt jedoch verschiedenen Kommunikationskanälen eine unterschiedlich hohe Bedeutung zu (vgl. Rogers, 2003, S. 204ff.).

Interpersonale vs. massenmediale Kommunikationskanäle

Zum einen lässt sich ein variierender Einfluss interpersonaler und massenmedialer Kommunikationskanäle ausmachen. Um zu Beginn des Innovations-Entscheidungs-Prozesses das Wissen über eine Innovation an eine große Zahl von potenziellen Übernehmer*innen zu vermitteln, sind massenmediale Kanäle am relevantesten, da sie am schnellsten und effektivsten sind. Diese Relevanz massenmedialer Kanäle, konkret Radiosendungen, zeigt sich auch in der jüngeren Vergangenheit für die Verbreitung von Agrartechnologien sowohl in Bangladesh (Hasan et al., 2017) als auch in Subsahara-Afrika (Hudson et al., 2017). Auch sind massenmediale Kanäle für frühe Übernehmer wichtiger als für späte Übernehmer, da in dieser frühen Phase des Diffusionsprozesses noch zu wenige Übernehmer*innen vorhanden sind, um Informationen interpersonal weitergeben zu können.

Im Unterschied zu massenmedialen Kommunikationskanälen sind laut Rogers (2003) interpersonale Kommunikationskanäle bei der Überzeugung potenzieller Nutzer*innen einflussreicher (vgl. u.a. Beal et al., 1957; Zagonel et al., 2021). Folglich sollten, um maximale Verbreitung sicherzustellen, im Laufe des Diffusionsprozesses zunächst massenmediale und dann interpersonale Kanäle zum Tragen kommen (vgl. Copp et al., 1958; Rogers & Shoemaker, 1972).

Regionale vs. überregionale Kommunikationskanäle

Eine weitere Unterscheidung lässt sich zwischen regionalen und überregionalen Kommunikationskanälen treffen. Auch hier zeigt sich ein

Unterschied zwischen den beiden Phasen Wissen und Persuasion im Innovations-Entscheidungs-Prozess. Während überregionale Kommunikationskanäle wichtiger bei der Verbreitung des Wissens über eine Innovation sind, haben regionale Kommunikationskanäle einen größeren Einfluss bei der Überzeugung potenzieller Übernehmer*innen (vgl. Rogers & Shoemaker, 1972). Auch sind überregionale Kommunikationskanäle wichtiger für frühe Übernehmer, während regionale Kommunikationskanäle einen stärkeren Einfluss auf späte Übernehmer haben.

Wie sich anhand dieser Ergebnisse bereits zeigt, spielt interpersonale Kommunikation insbesondere in der Phase der massenhaften Verbreitung der Innovation eine wichtige Rolle. Am Punkt der kritischen Masse beginnt eine ausreichende Zahl an Meinungsführer*innen über eine Innovation zu sprechen, sodass sich deren Verbreitung beschleunigt. Die Steigung der Diffusionskurve steigt nun rapide an und der Prozess der Diffusion setzt sich selbsttätig fort (vgl. auch Kapitel 1.1.2 und Schaubild 2). Dieser Effekt lässt sich durch den Two-Step-Flow of Mass Communication erklären, welcher besagt, dass Informationen in einem ersten Schritt von den Massenmedien zu Meinungsführer*innen und dann in einem zweiten Schritt von diesen Meinungsführern zu den weniger aktiven Mitgliedern der Bevölkerung fließen (vgl. Lazarsfeld et al., 1944; zum Konzept der Meinungsführer vgl. auch Weimann, 1994 und ausführlich den Band von Geise, 2017 in dieser Reihe).

1.3.2 Soziale Homophilie und soziale Heterophilie im Diffusionsprozess

Aufgrund ihrer Ähnlichkeit kommunizieren sozial homophile Personen in einem sozialen System mehr miteinander als sozial heterophile. Diese Tatsache wird auch dadurch unterstützt, dass die Kommunikation zwischen sozial homophilen Personen deutlich effizienter abläuft (vgl. u.a. Lazarsfeld & Merton, 1954; McPherson et al., 2001; Rogers & Bhowmik, 1970).

Ähnlichkeit

> **Begriffe**
>
> Soziale Homophilie bezeichnet die Ähnlichkeit von Personen hinsichtlich verschiedener Merkmale wie beispielsweise Einstellungen, Bildung und sozioökonomischem Status. Soziale Heterophilie steht für das Gegenteil.

Für die Verbreitung von Neuerungen ist die Kommunikation zwischen sozial homophilen Personen jedoch ineffizient. Zwar können sozial homophile Kontakte den Diffusionsprozess beschleunigen, zur

Weak ties

Verbreitung einer Innovation in einem sozialen System tragen sie jedoch kaum bei, da durch diese Kontakte kaum neue soziale Gruppen erschlossen werden. Gerade zwischen sozial heterophilen Personen findet hier der für die Diffusion relevantere Informationsfluss statt. Über diese auch als *weak ties* (vgl. Granovetter, 1973) bezeichneten Verbindungen zwischen einander unähnlichen Personen werden Neuerungen von einer sozialen Gruppe in eine andere weitergegeben. Im Beispiel der Verbreitung von XR-Brillen bedeutet dies, dass die zukünftige Nutzer*in von diesem Produkt vermutlich eher nicht von einer ihrer engsten Freund*innen erfährt, sondern vielmehr durch eine ehemalige Studienkolleg*in, zu der sie er nur noch losen Kontakt hält. Durch diese lose Bindung wird sie dann auf diese neue Möglichkeit stoßen, die Innovation in ihr eigenes engeres soziales Umfeld einbringen und zur Verbreitung von XR-Brillen in ihrem Umfeld beitragen.

1.3.3 Die Rolle von Onlinemedien

Überwindung von Kommunikationsbarrieren

Onlinemedien, von der frühen Kommunikation über das WWW über E-Mail und mobile Onlinekommunikation bis hin zu sozialen Medien, lassen sich in der Dichotomie von interpersonaler und Massenkommunikation nicht eindeutig verorten. Vielmehr können sie die ganze Bandbreite dieses Kontinuums inklusive aller Zwischenformen wie interpersonal-öffentliche Kommunikation (Haas & Brosius, 2011) oder masspersonal Communication (O'Sullivan & Carr, 2018) abdecken (vgl. auch Rice, 2017). Selbstverständlich spielen Onlinemedien, neben ihrer Rolle als Gegenstand von Diffusionsprozessen (vgl. Kapitel 4.1), aber auch bei der Verbreitung jedweder anderen Innovation eine wichtige Rolle. Ursprünglich hielt die Forschung Onlinemedien aufgrund ihrer Asynchronität und Textbasiertheit für weitestgehend ungeeignet, um Wissen über Innovationen in einem sozialen System zu verbreiten oder auch die Übernahmeentscheidung potenzieller Nutzer*innen zu beeinflussen. Es zeigte sich jedoch rasch, dass ihr Einfluss bei der Verbreitung neuer Ideen sehr groß ist, insbesondere da sie klassische Kommunikationsbarrieren überwinden können (vgl. Rice, 1987). Nicht zuletzt aufgrund ihrer rapiden Verbreitung (vgl. Kapitel 4.1) kommt mobilen und sozialen Medien ein besonderer Stellenwert im Diffusionsprozess zu. So konnten beispielsweise Wang et al (2007) zeigen, dass Social Networking Sites überaus effiziente und schnelle Kommunikationskanäle im Diffusionsprozess darstellen. In den letzten Jahren finden mehrere Studien einen deutlichen Einfluss der Kommunikation in sozialen Medien auf die Phase der Überzeugung im Innovations-Entscheidungs-Prozess (vgl. u.a. Ahmad et al., 2018; Chong et al., 2018; Zhang et al. 2021). Aufbauend auf dem in Kapitel 1.3.1 beschriebenen Einfluss interpersonaler Kommunikation auf die Persuasion der Übernehmer*innen wird dieser Einfluss sozialer Medien zumeist durch die Ähnlichkeit von Kommunikation in sozialen Medien zu interpersonaler Kommunikation begründet (vgl. auch Rice, 2017). Insbesondere was die Verbreitung von Innovationen im Globalen Süden und im Gesundheitssektor angeht, setzen verschiedene Autor*innen daher große Hoffnungen auf soziale und mobile Medien (Bernhardt et al., 2011; Owiny et al., 2014).

1.4 Soziale Systeme

„It is unthinkable to study diffusion without some knowledge of the social structures in which potential adopters are located as it is to study blood circulation without adequate knowledge of the veins and arteries." Wie aus diesem Elihu Katz zugeschriebenen Zitat (Katz, 1961 zit. nach Rogers & Shoemaker, 1972, S. 30) bereits deutlich wird, hängen der Diffusionsprozess und die Eigenschaften eines sozialen Systems eng zusammen. So beeinflusst einerseits das soziale System durch seine kulturellen und sozialen Normen, sozialen Strukturen und Machtverhältnisse den Ablauf des Diffusionsprozesses (vgl. Asrani & Kar, 2022; Andriessen, 1994; Pavón-Guinea, 2018; Rogers & Kincaid, 1981; Yin et al., 2018; Zhang et al., 2018), andererseits nimmt auch die Diffusion von Innovationen Einfluss auf soziale Systeme. Als *stabiles Gleichgewicht* bezeichnet man in diesem Zusammenhang den Zustand, wenn sich keine Innovationen in einem sozialen System verbreiten. Ein *dynamisches Gleichgewicht* ist vorhanden, wenn sich Innovationen in dem Maße in einem sozialen System verbreiten, in dem sich das soziale System diesen Innovationen anpassen kann. Dieser Zustand wird als ideales Verhältnis zwischen Innovation und sozialem System angesehen. Ein *Ungleichgewicht* liegt dann vor, wenn der Wandel zu schnell vonstattengeht, als dass sich das soziale System anpassen könnte (vgl. Rogers, 2003).

Wechselwirkungen

Eine weitere Frage, der sich Diffusionsforscher*innen hinsichtlich des Verhältnisses von sozialen Systemen und Diffusionsprozessen angenommen haben, ist die Frage nach dem Einfluss auf bestehende sozioökonomische Ungleichheiten. Gotsch (1972) konnte zeigen, dass sich im Prozess der Diffusion einer Innovation bestehende sozioökonomische Ungleichheiten oftmals verstärken. Zum einen haben die positiv gegenüber Innovationen eingestellten Innovatoren und frühen Übernehmer charakteristischerweise bereits vorher größere Ressourcen als spätere Übernehmer*innen (vgl. Kapitel 1.1.2). Zum ande-

Sozioökonomische Ungleichheiten

rem kontaktieren auch die Entwickler*innen und Vermarkter*innen einer Innovation bevorzugt diese Personen, da sie hoffen, dass diese den Diffusionsprozess als Meinungsführer*innen weiter unterstützen. Und gerade die frühen Übernehmer ziehen zumeist den größten Nutzen aus einer Innovation (‚windfall profits'; vgl. Kapitel 1.2.2).

2. Entwicklungsgeschichte

Die Entwicklungsgeschichte der Diffusionstheorie lässt sich in Anlehnung an von Pape (2009) grob in drei einander teilweise überlappende Phasen einteilen. Bis in die 1960er-Jahre reichen die aus verschiedenen wissenschaftlichen Disziplinen stammenden Wurzeln der Diffusionstheorie. Ungefähr von den 1960er- bis zu den 1980er-Jahren konsolidierte sich die Diffusionstheorie zu einem eigenen Forschungsfeld. Parallel dazu fand ebenfalls seit den 1960er-Jahren eine theoretische Vertiefung der verschiedenen Aspekte der Diffusionstheorie statt.

Drei Phasen

2.1 Die Wurzeln der Diffusionstheorie

Wie Katz et al. (1963) bereits konstatierten, lässt sich kein eindeutiger Entstehungspunkt der Diffusionstheorie festmachen. Vielmehr geht diese Forschungsrichtung auf eine Vielzahl verschiedener wissenschaftlicher Traditionen zurück, welche sich voneinander weitgehend isoliert bis in die 1960er-Jahre mit Fragen der Diffusion von Innovationen in ihren jeweiligen Fachgebieten beschäftigten. Rogers (2003) selbst zählt verschiedenste Ursprünge auf: von der Anthropologie, über die Soziologie und ihre verschiedenen Subdisziplinen bis hin zur Kommunikationswissenschaft oder auch der Betriebswirtschaftslehre (vgl. auch Brown, 1981).

Vielzahl an Wurzeln

2.1.1 Anthropologie

Die Anthropologie setzt sich bereits seit mehr als 100 Jahren mit der Untersuchung der Diffusion von Neuerungen auseinander. Hierbei bedient sie sich zumeist der Methode der teilnehmenden Beobachtung. Die einzelne Forscher*in assimiliert sich weitestgehend in der zu untersuchenden sozialen Gruppe, um so beobachten zu können. Diese Vorgehensweise hat den Vorteil einer ganzheitlichen Betrachtung der zu untersuchenden Phänomene. So stellt sich in derartigen Studien beispielsweise auch nicht das Problem des Innovationspositivismus (vgl. Kapitel 5.2). Nachteil dieser Herangehensweise ist, dass sich derart gewonnene Erkenntnisse kaum über die untersuchte Gruppe hinaus verallgemeinern lassen.

Teilnehmende Beobachtungen

Den Vor- und Nachteilen ihrer Methodik entsprechend hat sich die Anthropologie im Bereich der Diffusion zumeist mit Fragen nach den Konsequenzen einer Innovation (vgl. Pelto, 1987) und der interkulturellen Diffusion (vgl. z.B. bereits Wissler, 1914; 1923) beschäftigt.

2.1.2 Soziologische Ursprünge: Gabriel de Tarde und Georg Simmel

Nachahmung und Wiederholung

Der französische Soziologe Gabriel de Tarde nimmt unter den vielen Vorläufern und Wegbereitern der Diffusionstheorie eine Sonderstellung ein. In seiner Rolle als Richter wurde de Tarde mit vielen Menschen und Schicksalen konfrontiert und konnte so verschiedene soziale Gesetzmäßigkeiten beobachten. Seine so entstandenen Überlegungen zur Ausbreitung von Innovationen fasste er in seinem Werk „Les lois de l'imitation" (de Tarde, 1890) zusammen. Damit war de Tarde der Erste, der sich systematisch mit den Gesetzmäßigkeiten der Diffusion von Innovationen auseinandersetzte. De Tarde sah Nachahmung und Wiederholung als Basis allen sozialen Wandels an. Dabei beschrieb er bereits den heute vielfach empirisch bestätigten S-förmigen Verlauf der Diffusionskurve (vgl. Kapitel 1.1.2) und erkannte auch, dass die Übernahme einer Innovation durch Meinungsführer ausschlaggebend für die massenhafte Verbreitung einer Innovation ist.

Akteure

Gabriel de Tarde

Der französische Soziologe Gabriel de Tarde (*12. März 1843 in Sarlat, † 12. Mai 1904 in Paris) studierte in Toulouse und Paris Rechtswissenschaften. 1869 trat er in den Justizdienst ein und war von 1875 bis 1894 Richter. 1894 wurde er Leiter der kriminalstatistischen Abteilung im französischen Justizministerium. Ab 1896 lehrte er an der Ecole des Sciences Sociales, 1900 wurde er zum Professor für Philosophie der Neuzeit am Collège de France berufen.

De Tarde fasste die Soziologie als eine Interpsychologie auf, die sich der Erforschung von Gesetzmäßigkeiten im zwischenmenschlichen Bereich widmet. Er wies alle Theorien von einem Kollektivbewusstsein zurück und vertrat die Auffassung, dass Soziologie nicht von der Gruppe, sondern von Individuen auszugehen hat. Die zwischenmenschlichen Beziehungen, die die Gesellschaft überhaupt erst begründen, unterliegen den Gesetzen der Nachahmung und Wiederholung. De Tarde betonte insbesondere die auf Suggestion beruhende gegenseitige Imitation als entscheidendes Fundament sozialer Gleichförmigkeit. Die Gesellschaft befindet sich aber nach Meinung de Tardes nicht in einem permanenten Gleichgewichtszustand, sondern wird von den Innovationen (Erfindungen, neue Ideen, Glaubensvorstellungen und Verhaltensformen) schöpferischer Menschen, die sich vorübergehend aus dem gleichsam hypnotischen Zustand der Gesellschaft herauslösen, in Bewegung versetzt. Die ideale Gesellschaft der Zukunft besteht in seinen Augen aus Individuen, welche in interessensfreier

Liebe einander nachahmen und ohne Zwang zusammenleben (vgl. Hillmann & Hartfiel, 1994, S. 860).

Einen weiteren theoretischen Ursprung hat die Diffusionstheorie in Georg Simmels Überlegungen über den *Fremden*. In seinem Werk „Soziologie: Untersuchungen über die Formen der Vergesellschaftung" (Simmel, 1908) beschäftigt sich Simmel in einem kurzen Exkurs mit der soziologischen Kategorie des Fremden. Hierbei bezieht er sich auf das historische Vorbild der europäischen Juden und arbeitet zentrale Elemente des Fremden heraus. Sein Konzept des Fremden ist gekennzeichnet durch die Gleichzeitigkeit von Nähe und Ferne, d.h. es handelt sich um ein mit einer Gruppe nur lose verbundenes Individuum. Hierdurch ist der Fremde objektiver gegenüber den Vorgängen innerhalb der Gruppe und kann auch den sozialen Normen innerhalb dieser Gruppe leichter zuwiderhandeln. Somit ist Simmels Fremder in den Augen von Rogers (2003) prädestiniert Neuerungen in eine soziale Gruppe einzuführen. Für die spätere Diffusionstheorie von Bedeutung sind auch Simmels (1908) Gedanken zur Beweglichkeit des Fremden. Diese Beweglichkeit bezeichnet damit nicht nur eine örtliche Beweglichkeit des Fremden als „Wanderer", sondern steht auch für die hohe Zahl an sozialen Kontakten, über die dieser Fremde verfügt. Mit diesen Überlegungen kann Simmel als Vorläufer der Konzepte zur Verbreitung von Neuerungen über *weak ties* (vgl. Granovetter, 1973) oder sozial heterophile Kontakte (vgl. Kapitel 1.3.2) gesehen werden.

Der Fremde

Akteure

Georg Simmel
Der Philosoph und Soziologe Georg Simmel wurde am 1. März 1858 in Berlin geboren. 1885 wurde Simmel Privatdozent für Philosophie an der Universität Berlin, an der er 1901 zum Extraordinarius ernannt wurde. Erst 1914 wurde er als ordentlicher Professor nach Straßburg berufen, wo er am 26. September 1918 verstarb.

Insbesondere von Kant beeinflusst, hat Simmel als Begründer der formalen Soziologie entscheidend zur Herausbildung der Soziologie zu einer selbständigen Einzelwissenschaft beigetragen. Die allgemeinen, im Verlauf der Geschichte gleichbleibenden Formen der Vergesellschaftung bilden den Gegenstand der formalen bzw. reinen Soziologie. Die unterschiedlichen gesellschaftlichen Formen sind wie die Gesellschaft als Ganzes gekennzeichnet durch Wechselwirkungen zwischen Menschen. Die moderne arbeitsteilige Gesellschaft bietet dem Einzelmenschen zunehmend die Chance, im Schnittpunkt verschiedener sozialer Kreise zu exis-

> tieren, wodurch sich zugleich die Möglichkeiten individueller Entfaltung vergrößern. Andererseits sah Simmel die Gefahr, dass die Kluft zwischen der Entwicklung der Gesamtkultur und jener des Einzelmenschen immer größer wird. Der vergegenständlichte Geist der Gesellschaft, der sich in materiellen Schöpfungen und Organisationen darstellt, gerät zunehmend in Widerspruch zu den Individuen. Mittel (wie beispielsweise Geld) erlangen so zum Teil die Qualität von Endzwecken und der Mensch unterliegt damit der Herrschaft dieser Kulturobjekte, welche seine eigenen Produkte sind.
>
> In seiner Gesellschaftsphilosophie lehnte Simmel wegen der Nichtberechenbarkeit des menschlichen Individuums die Gleichsetzung von aus der Geschichte abgeleiteten Erkenntnissen und Naturgesetzen ab. Ferner wies er alle Versuche zurück, geschichtliche Prozesse auf das Wirken eines einzigen Faktors zurückzuführen (vgl. Hillmann & Hartfiel, 1994, S. 780).

Erste quantitative empirische Studie

In den 1920er- bis 1940er-Jahren nahmen sich einige wenige weitere Soziologen den Fragen der Diffusion von Innovationen an. Eine Sonderstellung nimmt hier Raymond V. Bowers von der University of Rochester ein. Bowers (1937; 1938) untersuchte die Verbreitung des Amateurfunks in den USA. Dieser hatte sich von einigen hundert Amateurfunkern im Jahr 1910 auf um die 20.000 Amateurfunker Anfang der 1930er-Jahre verbreitet. Um diesen Diffusionsprozess zu untersuchen, bediente sich Bowers der ab 1915 jährlich von der American Radio Relay League veröffentlichten Teilnehmerzahlen. Außerdem führte er eine standardisierte, schriftliche Befragung einer national repräsentativen Stichprobe von Amateurfunkern zu ihrer Übernahme dieser Technologie durch. Damit war Bowers der Erste, der sich dem Phänomen der Diffusion von Innovationen mit quantitativen empirischen Methoden näherte.

2.1.3 Agrarsoziologie

Ryan & Gross-Studie

Insbesondere in den 1940er- und 1950er-Jahren war die Agrarsoziologie diejenige akademische Disziplin, welche sich am intensivsten mit Fragen der Diffusion von Innovationen beschäftigte. Die Erkenntnisse dieser Studien halfen, die Verbreitung produktionssteigernder Neuerungen in der Landwirtschaft zu unterstützen. Eine der einflussreichsten agrarsoziologischen Diffusionsstudien dieser Zeit war die Studie von Ryan und Gross (1943) zur Diffusion von Hybridmais in Iowa (siehe Kasten). Diese Studie warf die klassischen Fragen der Diffusionsforschung auf, mit welchen sich die Forscher*innen in den folgenden Jahrzehnten hauptsächlich beschäftigten (vgl. Rogers, 2003):

2. Entwicklungsgeschichte

- Welche Faktoren beeinflussen die Bereitschaft eine Innovation zu übernehmen?
- Wie entwickelt sich die Adoptionsrate einer Innovation im Zeitverlauf, und durch welche Faktoren lässt sich die Geschwindigkeit der Übernahme erklären?
- Welche Rolle spielen verschiedene Kommunikationskanäle in den verschiedenen Stadien des Innovations-Entscheidungs-Prozesses?

Schlüsselstudien

Die Agrarsoziologen Bryce Ryan und Neal C. Gross vom Iowa State College untersuchten in den 1940er-Jahren die Verbreitung von Hybridmais, einer neuen Maissorte, welche sich in den 1930er Jahren im Mittleren Westen der USA weitestgehend durchgesetzt hatte. Im Sommer 1941 führten die beiden Forscher Interviews mit 259 Farmern aus zwei Gemeinden in Iowa und befragten diese zu deren Übernahme der neuen Maissorte.

In dieser Studie erkannten Ryan und Gross bereits vier der heute vielfach bestätigten Faktoren, welche die Übernahme einer Innovation erleichtern: Beobachtbarkeit, die Möglichkeit des Ausprobierens, Kompatibilität mit vorhergehenden Ideen und Praktiken sowie den relativen Vorteil einer Innovation (vgl. Kapitel 1.2.1).

Was den Verlauf der Übernahme der neuen Maissorte über die Zeit hinweg angeht, so konnten Ryan und Gross einen einer Glockenkurve angenäherten Verlauf aufzeigen, welcher in seiner kumulierten Form der klassischen S-Kurve der Diffusion entspricht (vgl. Kapitel 1.1.2).

Die Autoren untersuchten auch den Einfluss unterschiedlicher Kommunikationskanäle im Verlauf der Diffusion. Dabei kamen sie zu dem Ergebnis, dass die Verbreitung des Wissens über die neue Maissorte in der Hälfte der Fälle durch Handelsvertreter erfolgte. Es folgten mit 15% die Nachbarn sowie das Radio und Fachzeitschriften mit jeweils 10%. Den stärksten Einfluss auf die Übernahmeentscheidung an sich hatte jedoch die interpersonale Kommunikation mit den Nachbarn. Auch diese Befunde decken sich weitestgehend mit den noch heute gültigen Erkenntnissen der Diffusionsforschung: Interpersonale Kommunikationskanäle nehmen in der Phase der Persuasion den größten Einfluss (vgl. Kapitel 1.3.1).

(Ryan & Gross, 1943)

Systematisches Übersehen von Problemen

In den 1950er-Jahren breitete sich die Diffusionsforschung ausgehend von den drei Zentren University of Wisconsin, University of Missouri und Iowa State University rasant in der Agrarsoziologie aus. Die stetig wachsende und überaus produktive Gemeinde der Diffusionsforscher*innen (vgl. Rogers, 2003) blieb dabei eng vernetzt (vgl. Crane, 1975). Dies führte zum einen zu einem raschen Fortschritt der Forschung, zum anderen begünstigte dies jedoch auch das systematische Übersehen von Phänomenen, wie beispielsweise der Re-Invention (vgl. Kapitel 2.3.2), welche nicht in das gängige Forschungsparadigma passten. In den 1960er-Jahren verlagerten die Diffusionsforscher in der Agrarsoziologie ihr Interesse auf die Situation im Globalen Süden. Forschungsgegenstand war nun nicht mehr nur die Ausbreitung von Agrarinnovationen, sondern auch Ernährung, Gesundheit und Geburtenkontrolle. Seit den 1970er-Jahren verlor die Diffusionsforschung in der Agrarsoziologie schließlich stetig an Bedeutung (vgl. Rogers, 2003).

2.2 Konsolidierung zu einem Forschungsfeld

In den 1960er-Jahren begannen die verschiedenen in Kapitel 2.1 angeführten Forschungstraditionen sich gegenseitig wahrzunehmen und die Ergebnisse der jeweils anderen Fachrichtungen auch für die eigene Arbeit zu nutzen (vgl. u.a. Katz, 1960). Es blieb jedoch Everett M. Rogers vorbehalten, den zu dieser Zeit bereits immensen Korpus an Forschungsergebnissen zur Diffusion von Innovationen zu systematisieren (vgl. Rogers & Shoemaker, 1972). Bei seiner Arbeit orientierte er sich an Mertons (1968) Konzept einer Theorie mittlerer Reichweite und formulierte folgenden Anspruch für seine Forschung: „Our theoretical basis must be specific enough to be empirically testable, and our data must test theoretical hypotheses. Theory that cannot be tested is useless, and data not related to theoretical hypotheses become irrelevant" (Rogers & Shoemaker, 1972, S. 81).

> **Begriffe**
>
> Theorien mittlerer Reichweite
>
> Theorien mittlerer Reichweite bezeichnen – im Unterschied zu den großen Theorien der Sozialwissenschaft und Psychologie – Zusammenhänge, welche sich nur mit einem relativ speziellen Verhalten befassen und damit empirisch überprüfbar bleiben. Nichtsdestotrotz können auch diese Erkenntnisse zu abstrakteren Modellen zusammengefasst werden (vgl. Merton, 1968).

Was zunächst als Literaturüberblick ein Teil der Doktorarbeit von Everett M. Rogers (1957) war und von diesem ein Jahr später auch als Aufsatz publiziert wurde (Rogers, 1958), bildete den Grundstein für das Standardwerk der Diffusionstheorie. Über insgesamt fünf Auflagen hinweg aktualisierte und erweiterte Rogers sein Werk „Diffusion of Innovations" bis zu seinem Tod im Jahr 2004 immer weiter (Rogers, 1962; 1983; 1995; 2003; Rogers & Shoemaker, 1972).

Standardwerk

Anekdoten

Die Ursprünge von „Diffusion of Innovations"
Wenige Stunden nach der Verteidigung seiner Dissertationsschrift begegneten sich Everett M. Rogers und ein Professor aus seinem Dissertationskomitee noch einmal zufällig auf dem Campus der Iowa State University und unterhielten sich einen Augenblick. Im Weggehen sagte der Professor zu Everett M. Rogers, dass die statistisch berechneten Einflussmaße in seiner Arbeit zwar zu gering wären, aus seiner Literaturübersicht könnte jedoch einmal ein anständiges Buch werden. So sollte es tatsächlich auch kommen: Eben diese Literaturübersicht bildet das Fundament für fünf Auflagen des Standardwerks der Diffusionstheorie „Diffusion of Innovations" (vgl. Shefner-Rogers, 2006, S. 236/237).

In der zweiten Auflage dieses Standardwerks (Rogers & Shoemaker, 1972) schafft Rogers das eigentliche Fundament der Diffusionstheorie. Mittels einer umfassenden Metaanalyse aller ihm bekannten Forschungsarbeiten zur Diffusion von Innovationen erstellt er ein Bündel an zweiseitigen Aussagen als Basis der Diffusionstheorie. Er will dabei zu keinem Zeitpunkt ein komplexes theoretisches Modell aufstellen, sondern beschränkt sich auf diese einfachen bivariaten Zusammenhänge, da in seinen Augen keine anderen gesicherten Aussagen möglich sind:

Metaanalyse

"We know, for example, that more innovative individuals are often of relatively higher socioeconomic status, as are cosmopolites [...]. Then should not social status also be included in the innovativeness-cosmopoliteness generalization? Unfortunately, it cannot be: Most of the empirical diffusion studies reviewed in this book focus upon only two-variable hypotheses, and we cannot summarize findings that do not exist." (Rogers, 1983, S. 131)

Auch konzentrieren sich Rogers und Shoemaker (1972) in ihrer Metaanalyse rein auf die Befunde der ihnen vorliegenden Forschungsarbeiten. Die konkreten Operationalisierungen und in den einzelnen

Studien verwandten Methoden werden nicht weiter berücksichtigt. Zunächst geben die Autoren noch an, wie groß der Anteil der Studien ist, welche die verschiedenen bivariaten Aussagen unterstützen, in den späteren Auflagen von „Diffusion of Innovations" (Rogers, 1983; 1995; 2003) verschwinden diese Angaben jedoch wieder.

Verankerung in der Kommunikationswissenschaft

Neben dieser immensen Integrationsleistung, welche aus einer Vielzahl an weitestgehend unverbundenen Forschungsarbeiten in den verschiedensten wissenschaftlichen Disziplinen eine Forschungsrichtung formte, ist es auch Everett M. Rogers zuzuschreiben, dass die Diffusionstheorie ihre wissenschaftliche Heimat in der Kommunikationswissenschaft fand. In seinem Standardwerk definiert Rogers (2003, S. 5) Diffusion als einen Kommunikationsprozess und verankert die Diffusionstheorie somit in der Kommunikationswissenschaft.

Kernsätze

Definition des Diffusionsprozesses als Kommunikationsprozess

Diffusion ist der Prozess in dessen zeitlichem Verlauf eine Innovation über verschiedene Kanäle an die Mitglieder eines sozialen Systems kommuniziert wird (vgl. Rogers 2003, S. 5).

Two-Step-Flow of Communication

Als Basis seiner Überlegungen, die Verbreitung einer Innovation in der Gesellschaft als Kommunikationsprozess zu betrachten, diente Rogers der Two-Step-Flow of Communication (siehe hierzu ausführlich den Band von Geise, 2017 in dieser Reihe). Diese auf einer Untersuchung von Lazarsfeld et al. (1944; siehe auch Kasten Schlüsselstudien) beruhende Hypothese stellte erstmals die bis dahin geltende Überzeugung von der Allmacht der Medien infrage. Vielmehr konnten die Autor*innen zeigen, dass Menschen weniger durch massenmediale Kommunikation als vielmehr durch interpersonale Kommunikation beeinflusst werden. Nur eine kleine Gruppe von Meinungsführer*innen schien direkt durch die Massenmedien beeinflusst zu werden. Lazarsfeld et al. (1944) konkretisierten ihre Beobachtungen in der Two-Step-Flow Hypothese: In einem ersten Schritt gelangen Ideen und Neuigkeiten von den Massenmedien zu Meinungsführer*innen, und erst in einem zweiten Schritt gelangen sie dann durch interpersonale Kommunikation von diesen zu den weniger aktiven Teilen der Bevölkerung. Diesen Gedanken der Stufen aufgreifend, definiert Rogers (1962) den Diffusionsprozess ebenfalls als eine Abfolge von Schritten (vgl. Kapitel 1.1.1), auf deren ersten Schritt (Wissen) der Einfluss der Massenmedien in Analogie zum Two-Step-Flow am stärksten ist, während im zweiten Schritt (Persuasion) interpersonale Kommunikationskanäle die größte Rolle spielen.

Schlüsselstudien

The People's Choice

Die Soziologen Paul F. Lazarsfeld, Bernard Berelson und Hazel Gaudet untersuchten den Einfluss der Massenmedien auf die Wahlentscheidung im Präsidentschaftswahlkampf 1940 in Erie County in Ohio. In einer Panelstudie wurden 600 Wähler*innen über sechs Monate hinweg befragt. Dabei stellten die Autor*innen rasch fest, dass die Wahlentscheidung nur in geringem Maße direkt durch Massenmedien beeinflusst wurde, wie sie es ursprünglich erwartet hatten. Vielmehr schien der interpersonale Kontakt zwischen den Wähler*innen entscheidenden Einfluss zu haben. In Reaktion auf diese Ergebnisse versuchten Lazarsfeld et al. (1944) herauszufinden, ob manche Individuen stärkeren Einfluss auf ihre Mitmenschen ausüben als andere. Hierzu wurden kurzfristig die beiden folgenden Selbsteinschätzungsfragen in die Untersuchung integriert: „Haben Sie in letzter Zeit versucht, jemanden von Ihren politischen Ansichten zu überzeugen?" und „Hat Sie jemand in letzter Zeit um Rat bezüglich politischer Fragen gebeten?". Tatsächlich stellten diejenigen, die auf beide Fragen mit ‚Ja' antworteten, eine wichtige Einflussquelle auf die anderen Teile der Bevölkerung dar. Sie wurden von Lazarsfeld et al. (1944) als Meinungsführer (opinion leader) bezeichnet. Aus diesen Erkenntnissen formulierten die Autor*innen die Hypothese des Two-Step-Flows of Communication: „Ideas often flow from radio and print to the opinion leaders and from them to the less active sections of the population." (Lazarsfeld et al., 1944, S. 151)

Neben diesen theoretischen Erwägungen spielten jedoch auch andere Faktoren eine Rolle, als Everett M. Rogers für sich und die von ihm maßgeblich geformte Diffusionstheorie in der Kommunikationswissenschaft eine wissenschaftliche Heimat suchte und fand. So bot sich auch das methodische Instrumentarium des zu diesem Zeitpunkt noch sehr jungen Faches für die Zwecke der Diffusionsforschung an (vgl. Katz, 1999). Infolge dieser Entwicklung weiteten sich die Gegenstände der Diffusionsforschung schnell hin zur Übernahme von neuen Technologien oder der Ausbreitung von Nachrichten durch die Massenmedien aus (vgl. Dearing & Singhal, 2006, S. 20).

2.3 Theoretische Vertiefung verschiedener Aspekte

Bereits parallel zu Rogers Integrationsarbeit setzte die dritte und bis heute andauernde Phase der Diffusionsforschung ein: die theoretische Vertiefung verschiedener am Diffusionsprozess beteiligter Elemente. Auch hier blieb es jedoch bisher bei einzelnen Ergebnissen und Zusammenhängen. Eine umfassende Überarbeitung und Präzisierung der Diffusionstheorie steht nach wie vor aus. So beschreibt Katz (1999, S. 145) den Status quo, an welchem sich auch in den vergangenen zwanzig Jahren nichts verändert hat, folgendermaßen: "There is an apparent paradox at work: the number of diffusion studies continues at a high rate while the growth of appropriate theory is at an apparent standstill".

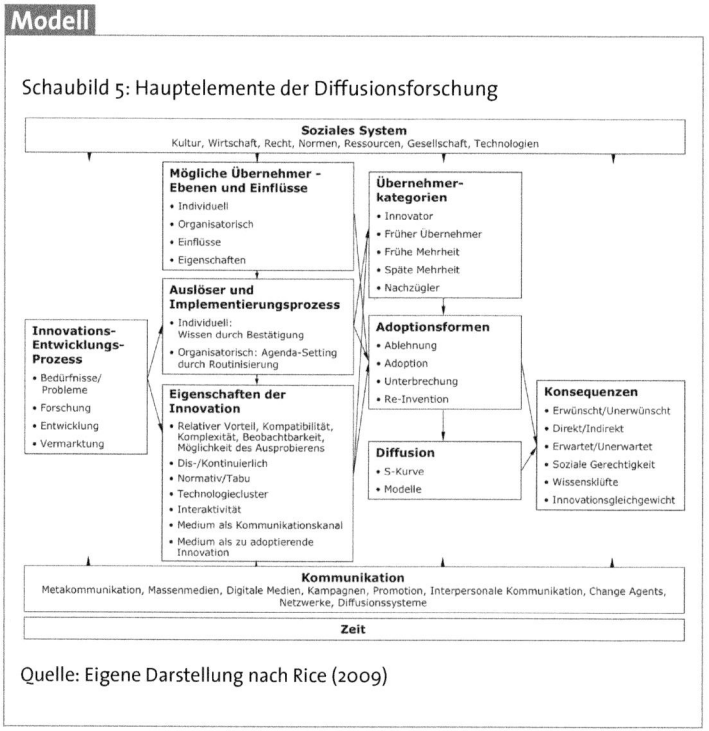

Quelle: Eigene Darstellung nach Rice (2009)

Elf Bereiche

In Anlehnung an eine Systematisierung von Rice (2009; vgl. Schaubild 5) lassen sich heute elf große Bereiche in der Diffusionstheorie unterscheiden:

2. Entwicklungsgeschichte 45

1. Innovations-Entscheidungs-Prozess (à Kapitel 1.1.1)
2. Mögliche Übernehmer – Ebenen und Einflüsse (à Kapitel 1.1.2, 2.3.1, 4.1, 6.3)
3. Auslöser und Implementierungsprozess (à Kapitel 4.1, 6.3, 6.4, 6.5)
4. Eigenschaften der Innovation (à Kapitel 1.2.1, 3.3, 6.3, 4.3)
5. Übernehmerkategorien (à Kapitel 1.1.2, 3.2)
6. Adoptionsformen (à Kapitel 1.1.1, 2.3.2, 6.4, 6.5)
7. Diffusion (à Kapitel 1.1.2, 1.3, 2.3.3, 4.2, 4.3)
8. Konsequenzen (à Kapitel 1.2.2, 3.1, 4.1, 5.1)
9. Soziales System (à Kapitel 1.3, 1.4, 3.4.2)
10. Kommunikation (à Kapitel 1.3, 2.3.4, 3.4.2, 6.4, 6.5)
11. Zeit (à Kapitel 1.1, 3.4.1, 4.2, 4.3)

Innerhalb dieser elf Bereiche hat eine Fülle von Studien – Rogers (2003) geht bereits vor zwanzig Jahren von etwa 5200 Diffusionsstudien aus – eine Vielzahl von zumeist korrelativen Zusammenhängen untersucht. Nachdem die Kernerkenntnisse all dieser Bereiche bereits in Kapitel 1 vorgestellt wurden, soll an dieser Stelle nur noch ein kurzer Blick auf ausgewählte Entwicklungen geworfen werden.

2.3.1 Mögliche Übernehmerebenen und Einflüsse

Zahlreiche Studien weiteten seit den 1960er-Jahren die Kenntnisse über den Diffusionsprozess und die die Übernahmeentscheidung beeinflussenden Eigenschaften der potenziellen Übernehmer aus. So zeigt sich, dass *innovativeness*, eine Kombination aus verschiedenen Persönlichkeitsattributen wie Abenteuerlust, Suche nach Neuem, erhöhtem Selbsterhaltungstrieb und Problemlösungsfähigkeiten (vgl. Lin, 1998), das Verhältnis zwischen den wahrgenommenen Eigenschaften einer Innovation und ihrer Übernahme positiv beeinflusst (vgl. Agarwal & Prasad, 1998; Jung et al., 2012; Kang, 2020; Li, 2013).

Innovativeness

Auch die *Mediennutzung* der potenziellen Übernehmer wurde mehrfach als Einflussfaktor auf die Übernahmeentscheidung untersucht. Jedoch konnte die Forschung hier bisher zu keinen eindeutigen Ergebnissen kommen (vgl. u.a. Dan et al., 2019; James et al., 1995; Jeffres & Atkin, 1996).

Mediennutzung

2.3.2 Adoptionsformen

Eine der wichtigsten Neuerungen im Bereich der Adoptionsformen stellt das Konzept der Re-Invention dar. Mit diesem Begriff beschreibt die Diffusionstheorie die Möglichkeit, dass sich eine Innova-

Re-Invention

tion im Zuge der Nutzung durch die Verbraucher*innen verändert (vgl. u.a. Charters & Pellegrin, 1973; Downs, 1976). Dieser Prozess wird als eine Möglichkeit in die Phase der Implementierung (vgl. Kapitel 1.1.1) mit aufgenommen. Er lenkt das Augenmerk darauf, dass die Übernehmer*in die Innovation aktiv verändert (vgl. Rice & Rogers, 1980) und es sich somit beim Diffusionsprozess nicht um einen einfachen linearen Prozess handelt, sondern wie Hays (1996 a, S. 631) schreibt: "Rather than a simple diffusion process in which subsequent adopters follow the lead of an initial innovator, reinvention assumes a dynamic, constantly evolving process with adopters molding and shaping the innovation as it diffuses."

Anekdoten

Übersehene Re-Invention

„*Ich [Everett M. Rogers] erinnere ich mich an ein Interview mit einem Landwirt aus Iowa, während ich 1954 für meine Doktorarbeit forschte. Ich befragte ihn bezüglich der Übernahme des 2,4-D-Unkraut-Sprühmittels auf seinem Hof. Der Landwirt erläuterte mir detailliert, auf welch spezielle und unübliche Art und Weise er dieses Mittel in seinem Betrieb einsetzte. Zum Ende seiner umständlichen Erläuterungen kreuzte ich einfach ‚Übernehmer' auf meinem Interviewbogen an.*" (Rogers, 2003, S. 17)

Fördernde Faktoren

Die hauptsächlich im Bereich der politischen Wissenschaft beheimatete Re-Invention-Forschung beschäftigt sich jedoch nicht mit der inneren Dynamik dieses Prozesses, sondern identifiziert vornehmlich Re-Invention fördernde Faktoren (vgl. u.a. Barrett & Stephens, 2017; Glick & Hays, 1991; Hays, 1996 a; 1996 b; Kelly, Somlai et al., 2000; Majchrzak et al., 2000; Orlikowski, 1993; Rice & Rogers, 1980; Rogers, 2003; Westphal et al., 1997) wie beispielsweise:

– Komplexe Innovationen mit einer hohen Bandbreite an technischen Funktionen werden häufiger zum Gegenstand von Re-Invention.

– Re-Invention tritt häufig als Folge unzureichenden Wissens einer Übernehmer*in über die Innovation auf.

– Ein loses Innovationsbündel, d.h. eine Innovation, die mehreren Zwecken dienen kann, wird leichter Gegenstand von Re-Invention.

– Innovationen, welche ein weites Spektrum an Problemen lösen sollen, werden leichter Gegenstand von Re-Invention.

- Re-Invention tritt insbesondere dann auf, wenn eine Innovation an die Struktur der adoptierenden Organisation angepasst werden muss.
- Re-Invention tritt im späteren Verlauf des Diffusionsprozesses häufiger auf, da die Nachzügler aus den Erfahrungen der früheren Übernehmer lernen.
- Ein starkes Bedürfnis der Übernehmer*in zur Selbstdarstellung mittels der Innovation begünstigt Re-Invention.

Teilweise wurde auch der Einfluss von Re-Invention auf den Übernahmeprozess untersucht. So wurde festgestellt, dass ein hoher Grad an Re-Invention sowohl zu einer schnelleren als auch einer nachhaltigeren Übernahme der Innovation führt (vgl. Goodman & Steckler, 1989; Rogers, 1995).

2.3.3 Diffusion – Verschiedene Arten von Innovationen

Die Ausbreitung unterschiedlicher Arten von Innovationen in sozialen Systemen wurde insbesondere von Diffusionstheoretiker*innen aus der Betriebswirtschaftslehre untersucht. Sie konnten zeigen, dass die Steigung der S-Kurve (vgl. Kapitel 1.1.2) je nach Art der Innovation variiert. So identifiziert Rogers selbst variierende Verläufe der S-Kurven für interaktive und nicht-interaktive Innovationen (vgl. Rogers, 2003, siehe Schaubild 6).

Variierende Verläufe

Die Unterschiede in den Verläufen der S-Kurven liegen im Effekt der kritischen Masse (vgl. Kapitel 1.1.2) begründet: Während singuläre Güter (normaler Diffusionsverlauf) ihren Nutzen aus der Beschaffenheit des Gutes selbst beziehen (eine Gabel beispielsweise ist – ohne, dass eine andere Person eine Gabel besitzt – zum Aufspießen von Essen geeignet), weisen Netzeffektgüter bzw. interaktive Innovationen neben diesem originären Nutzen noch einen derivativen Nutzen auf. Dieser derivative Nutzen ist umso größer, je höher der Verbreitungsgrad der Innovation ist. In diesem Sinne sind Mobiltelefone Netzeffektgüter. Neben ihrem originären Nutzen, nämlich damit Festnetzanschlüsse anrufen zu können, haben sie auch den derivativen Nutzen andere Mobiltelefone erreichen zu können. Der derivative Nutzen steigt mit einer zunehmenden Zahl an Mobiltelefonen. Systemgüter schließlich – als zweite Form interaktiver Innovationen – verfügen über keinen originären Nutzen, sondern rein über derivativen Nutzen. Wenn die Interaktion mit mindestens einer weiteren Teilnehmer*in möglich ist, verfügt das Gut über einen Nutzen. Das Telefon als solches lässt sich somit als Systemgut bezeichnen. Es ist für die Anwender*in nur dann von Nutzen, wenn mindestens ein zweites Telefon existiert, das angerufen werden kann. Die Mindest-

Kritische Masse

Modell

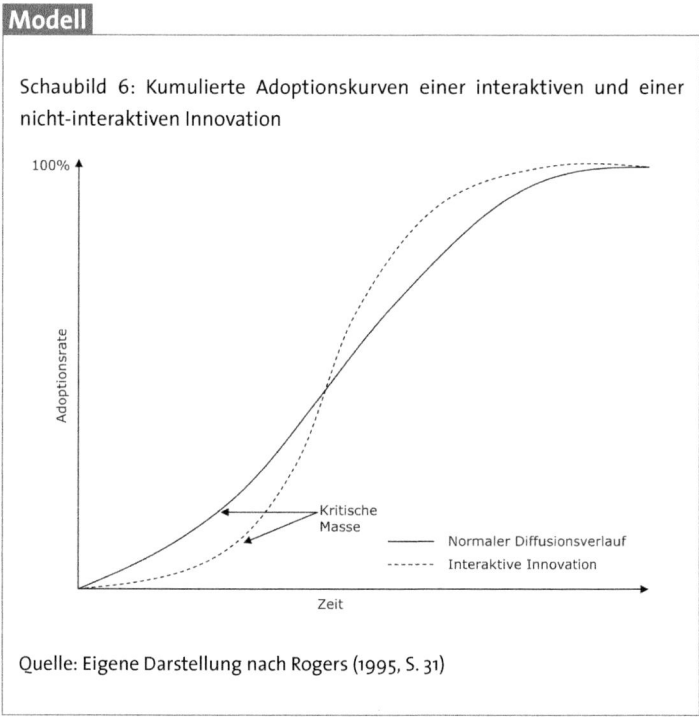

Schaubild 6: Kumulierte Adoptionskurven einer interaktiven und einer nicht-interaktiven Innovation

Quelle: Eigene Darstellung nach Rogers (1995, S. 31)

zahl an Anwender*innen, die nötig ist, damit ein Gut einen ausreichenden Nutzen in diesem Anwenderkreis hat, bezeichnet man auch als kritische Masse (vgl. Weiber, 1992; zum Begriff der kritischen Masse vgl. auch Kapitel 1.3.1).

Darüber hinaus beschreibt Weiber (1992) einen speziellen Verlauf der S-Kurve für Innovationen, die zunächst von professionellen Anwender*innen genutzt werden und von dort aus ihren Weg in die private Nutzung finden. Die S-Kurve nimmt dann einen zweigipfligen Verlauf (vgl. Schaubild 7). Eine derartige Entwicklung trifft oftmals auf neue Kommunikationstechniken zu.

Modell

Schaubild 7: Zweigipfliger Verlauf von Diffusionskurven

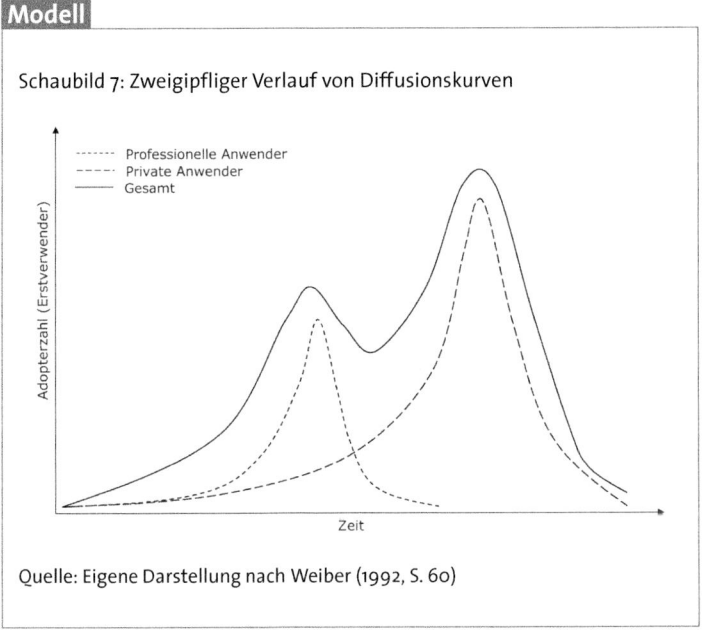

Quelle: Eigene Darstellung nach Weiber (1992, S. 60)

2.3.4 Kommunikation – Der Einfluss sozialer Netzwerke

Das Konzept sozialer Netzwerke findet sich in Ansätzen bereits in den ersten Diffusionsstudien, die auch auf den Einfluss interpersonaler Kommunikation auf den Diffusionsprozess hinweisen (vgl. Ryan & Gross, 1943). Diese ersten Hinweise wurden durch die erste explizit auf die Untersuchung des Einflusses sozialer Netzwerke ausgerichtete Schlüsselstudie von Coleman et al. (1957) gefestigt.

Schlüsselstudien

James Coleman, Elihu Katz und Herbert Menzel untersuchten Mitte der 1950er-Jahre die Verbreitung des neuen Antibiotikums Tetracyclin 15 Monate nach seiner Einführung in vier US-Städten. Hierfür befragten sie zum einen die Ärzt*innen zur Übernahme der Innovation und ihrer Kommunikation über die Innovation mit anderen Ärzt*innen, zum anderen werteten sie auch – um ein Recall-Problem (vgl. Kapitel 5.5) bei der Benennung des Zeitpunkts der Übernahme zu vermeiden – die von den Ärzt*innen ausgestellten Rezepte aus. Mit dieser Studie konnten sie als Erste die Ausbreitung einer Innovation über die sozialen Netzwerke der Übernehmer*innen nachzeichnen. In einer ersten Phase verbreitete sich das neue An-

tibiotikum zunächst zwischen beruflich miteinander verbundenen Ärzt*innen, in einer zweiten Phase auch über rein freundschaftliche Verbindungen zwischen Ärzt*innen.
(Coleman et al., 1957)

Netzwerkanalyse

Doch erst als sich in den 1970er-Jahren die soziale Netzwerkanalyse als Methode etabliert hatte, konnte sie Einzug in die Diffusionsforschung halten.

Anekdoten

Frühe Versuche zur Analyse sozialer Netzwerke

Everett M. Rogers hatte bereits im Rahmen der Untersuchung für seine Doktorarbeit erhoben, welcher Landwirt mit wem gesprochen hatte. Zu diesem Zeitpunkt Mitte der 1950er-Jahre konnte er jedoch noch nichts mit diesen Daten anfangen, da es noch keine Computerprogramme für Netzwerkanalysen gab. Er versuchte, mit Tennisbällen und Faden ein Soziogramm zu legen. Dies erschien ihm jedoch nicht sehr aussagekräftig. Daher wurden derartige Analysen in seiner Doktorarbeit auch nicht berücksichtigt (vgl. Valente, 2006, S. 65).

In der Folge beschäftigten sich Forscher in den 1970er-Jahren mit Strukturmodellen des Kommunikationsflusses im Diffusionsprozess. Dabei konnten sie zum einen den Weg, den Innovationen in ein soziales System nehmen, nachzeichnen und außerdem sowohl die Bedeutung von Meinungsführer*innen als auch von *weak ties* für den Innovationsprozess bestätigen (vgl. Granovetter, 1973; Rogers & Kincaid, 1981). Im weiteren Verlauf widmete man sich verstärkt heiklen Punkten im Diffusionsprozess, insbesondere dem Punkt der kritischen Masse (vgl. Markus, 1987; Schelling, 1978; zum Begriff der kritischen Masse vgl. auch Kapitel 1.3.1).

In der jüngsten Vergangenheit hat sich eine neue Diskussion um den Begriff der Meinungsführer und ihres Einflusses in sozialen Netzwerken entfacht (siehe hierzu ausführlich den Band von Geise, 2017 in dieser Reihe). Ausgehend von unterschiedlichen Methoden, Meinungsführer*innen zu identifizieren, nämlich Selbstauskunft vs. die soziometrische Berechnung von Meinungsführerschaft aus den Attributen des Netzwerks heraus, wird zunehmend infrage gestellt, ob sich beide Messungen tatsächlich auf dasselbe Konstrukt beziehen (vgl. Iyengar et al., 2011). Möglicherweise handelt es sich hier auch um Expert*innen auf der einen Seite und gut vernetzte Personen auf der anderen Seite (vgl. Goldenberg et al., 2006; Locock Dopson et al., 2001), die entsprechend unterschiedlich Einfluss auf den Diffusionsverlauf in einem sozialen Netzwerk nehmen (vgl. Iyengar et al., 2011).

3. Forschungslogik der Methode

Basierend auf der Untersuchung von Ryan und Gross (1943) bediente sich die überwiegende Mehrheit der Diffusionsstudien einer nahezu standardisierten Vorgehensweise.

3.1 Klassische Vorgehensweise

Quantitative Befragungen

Im größten Teil der Diffusionsstudien stellt die Adoptionsrate bzw. die einzelne Übernahmeentscheidung die abhängige Variable dar, während verschiedene Eigenschaften der Übernehmer*in (vgl. Kapitel 3.2) und die von der Übernehmer*in wahrgenommenen Eigenschaften der Innovation (vgl. Kapitel 3.3) als unabhängige Variablen erhoben werden. Hierfür werden zumeist umfangreiche *quantitative Befragungen* durchgeführt, da diese eine effiziente Möglichkeit darstellen, diese Informationen bei einer großen Zahl an Personen zu erheben (vgl. Meyer, 2004).

Einzelinnovationen

Da sie leichter für die Forscher*in zu identifizieren sind und auch die Gestaltung eines Fragebogens leichterfällt (vgl. Meyer, 2004), stehen zumeist *Einzelinnovationen* im Mittelpunkt des Interesses (vgl. u.a. Coleman et al., 1957; Freedman, 1969). Ganze Innovationscluster (vgl. Kapitel 1.2) mit ihren Interdependenzen zwischen den Diffusionsverläufen der im Innovationscluster vereinten Einzelinnovationen wurden bisher nur selten untersucht.

Querschnittsdesigns

Die Limitation eines Großteils der Diffusionsstudien auf Querschnittsdesigns – obwohl die Diffusion ja einen Prozess darstellt – sieht Meyer (2004, S. 61) hauptsächlich in pragmatischen Ursachen begründet: „Further, academicians, especially early in their careers, need to publish study results within a fairly short period of time. Limiting data collection to a single point in time (as well as focusing on a single innovation) helps accomplish this goal."

Um Entwicklungen im Diffusionsprozess, wie beispielsweise die S-Kurve oder die Kategorisierung der Übernehmer*innen, im Querschnittsdesign nachzeichnen zu können, werden diese Analysen im Allgemeinen durchgeführt, nachdem sich die Innovation bereits weit verbreitet hat. Nur so kann sichergestellt sein, dass beispielsweise alle Übernehmerkategorien (vgl. Kapitel 1.2) gefunden werden können.

3. Forschungslogik der Methode

> **Verfahren**
>
> **Typische Vorgehensweise der Diffusionsforschung**
> Üblicherweise basieren Diffusionsstudien auf einer Studie im Querschnittsdesign, bei welcher im Rahmen einer großzahligen, quantitativen Befragung Personen zu ihrer Übernahme einer Einzelinnovation befragt werden, nachdem diese sich bereits weit in der Gesellschaft verbreitet hat.

Auch wenn bis zum heutigen Tag mehrere tausend Diffusionsstudien in den verschiedensten wissenschaftlichen Disziplinen durchgeführt wurden, blieb die Methodik dieser Forschungsrichtung weitestgehend stabil. Dabei ist diese institutionalisierte Art des Vorgehens überaus problematisch zu sehen und wurde immer wieder Gegenstand heftiger Kritik, da sie den Blick auf verschiedene Bereiche des Diffusionsprozesses versperrt, welche konsequenterweise bis heute kaum untersucht wurden. Darunter fallen beispielsweise der Prozess der Implementierung, die Ablehnung von Innovationen sowie die negativen und unerwarteten Konsequenzen einer Innovation. Wie Meyer (2004, S. 69) konstatiert: „When considering the methods that have become institutionalized in diffusion research, one cannot help but wonder whether the research questions asked over time have limited the methods selected, or rather if the methods established early on have restricted the research questions asked."

Heftige Kritik

3.2 Kategorisierung von Übernehmern

Das Verfahren zur Klassifizierung von Übernehmer*innen in die in Kapitel 1.1.2 beschriebenen Kategorien geht auf eine der frühesten Arbeiten von Rogers (1958) zurück. Kriterium für die Einteilung in die verschiedenen Kategorien ist der zumeist retrospektiv abgefragte (vgl. Kapitel 3.1) Übernahmezeitpunkt. Ausgehend von der Verteilung dieser Variablen (ausgedrückt durch ihren Mittelwert $\bar{x}$ und ihre Standardabweichung SD) werden die Übernehmer*innen in fünf Kategorien eingeteilt:

Übernahmezeitpunkt

Verfahren

Schaubild 8: Kategorisierung der Adopter nach dem Übernahmezeitpunkt

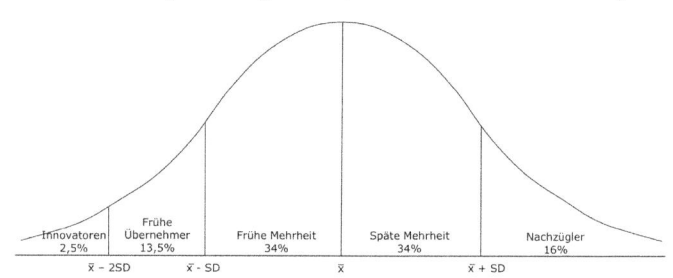

Quelle: Eigene Darstellung nach Rogers (2003, S. 281)

(1) Innovatoren: Übernahmezeitpunkt ist kleiner als − 2 SD
(2) Frühe Übernehmer: Übernahmezeitpunkt liegt zwischen − 2SD und − SD
(3) Frühe Mehrheit: Übernahmezeitpunkt liegt zwischen − SD und
(4) Späte Mehrheit: Übernahmezeitpunkt liegt zwischen und + SD
(5) Nachzügler: Übernahmezeitpunkt ist kleiner als + SD

Nachteile

Dieses Verfahren zur Klassifizierung von Übernehmer*innen hat jedoch auch Nachteile. So setzt es voraus, dass die Verbreitung der Innovation in einem sozialen System der Normalverteilung folgt. Auch wenn eine Vielzahl von empirischen Untersuchungen diesen Diffusionsverlauf bestätigen konnte (vgl. Kapitel 1.1.2), wurde insbesondere im Marketingumfeld Kritik an dieser Sichtweise laut (vgl. u.a. Peterson, 1973). So zeigten verschiedene Studien zur Verbreitung von Konsumgütern – aufgrund der vielfältigen Einflüsse u.a. durch Marketing und Konkurrenzumfeld – andere Verläufe (vgl. Bass, 1969; vgl. auch Kapitel 6.6). Auch wird die Zahl der Übernehmerkategorien und die Größe dieser Kategorien durch Rogers bereits im Vorhinein festgesetzt. Peterson (1973) schlägt daher vor, in jeder empirischen Untersuchung Übernehmerkategorien anhand des Merkmals Übernahmezeitpunkt aus den empirisch erhobenen Daten neu zu clustern. Dieses Verfahren hat dadurch jedoch den Nachteil, dass sich die verschiedenen Adopterkategorien nicht zwischen unterschiedlichen Innovationen (und damit unterschiedlichen empirischen Studien) vergleichen lassen, da sich die konkreten Kategorien jeweils neu aus dem spezifischen Diffusionsverlauf ergeben.

Begriffe

Clusteranalyse

Mit der Clusteranalyse werden die untersuchten Objekte so gruppiert, dass die Unterschiede zwischen den Objekten einer Gruppe, d.h. eines Clusters, möglichst gering und die Unterschiede zwischen den Clustern möglichst groß sind (Bortz, 1999, S. 547).

3.3 Skalen zur Erfassung der wahrgenommenen Eigenschaften der Innovation

Obwohl es sich bei den wahrgenommenen Eigenschaften einer Innovation um ein Kernkonzept der Diffusionstheorie handelt, welches im Zentrum einer überaus großen Zahl an Diffusionsstudien steht (vgl. Kapitel 1.2.1), sind die Versuche eine Skala zur Erfassung dieser Eigenschaften zu erarbeiten rar.

Hurt und Hibbard (1989) haben eine Skala zur Erfassung der wahrgenommenen Eigenschaften von Personal Work Stations (PWS) entwickelt. Diese konnte zwar zufriedenstellende Reliabilitätskoeffizienten (Cronbach's Alpha, siehe Kasten Begriffe) für die einzelnen Eigenschaften erreichen, eine konfirmatorische Faktorenanalyse zeigt allerdings, dass sich die von den Autoren entwickelten Items für die beiden Eigenschaften Möglichkeit des Ausprobierens und Beobachtbarkeit nicht voneinander trennen lassen. Damit muss diese Skala als nicht zufriedenstellend angesehen werden.

Schwierige Umsetzung

Begriffe

Cronbach's Alpha

Cronbach's Alpha ist ein Reliabilitätskoeffizient, welcher die interne Konsistenz bzw. Eindimensionalität einer aus mehreren Items zusammengesetzten Skala angibt. Er misst, inwieweit die einzelnen Items einer Skala mit der Gesamtheit der anderen Items dieser Skala zusammenhängen und somit dasselbe messen. Bei perfekter Konsistenz erreicht Cronbach's Alpha einen Wert von +1. Je niedriger der Wert wird, desto geringer ist der Zusammenhang zwischen den Items (vgl. Cortina, 1993; Cronbach, 1951).

Moore und Benbasat (1991) verweisen auf einige unveröffentlichte Arbeiten, welche sich ebenfalls der Konstruktion einer derartigen Skala gewidmet haben: Die Arbeit von Ostlund (1973) kann als erster Versuch gelten, eine systematische Skala zur Erfassung der wahrgenommenen Eigenschaften einer Innovation zu konstruieren. Allerdings kommt diese Skala mit nur zwei Items pro Eigenschaft aus, und auch die Reliabilitätskoeffizienten werden nicht berichtet. Der Versuch von Holloway (1977) kann ebenfalls nicht überzeugen. Auch in diesem Fall kann eine konfirmatorische Faktorenanalyse die Struktur der Skala nicht bestätigen. Bolton (1981) erweiterte das Instrument von Ostlund (1973) auf etwa fünf Items pro Eigenschaft. Doch auch hier war das Ergebnis der Skalentests nicht zufriedenstellend. Nur vier der 18 Cronbach's Alphas aus drei Skalentests lagen über einem Wert von 0,80.

Begriffe

Konfirmatorische Faktorenanalyse

Die konfirmatorische Faktorenanalyse gehört zu den strukturprüfenden Verfahren der multivariaten Datenanalyse. Ihr primäres Ziel liegt also in der Prüfung von Zusammenhängen zwischen mehreren Variablen. Vor der Durchführung einer konfirmatorischen Faktorenanalyse ist es somit nötig, sachlogische oder theoretische Annahmen über die Zusammenhänge zwischen den untersuchten Variablen zu haben. Die Faktorenanalyse geht davon aus, dass die Zusammenhänge zwischen den erhobenen Variablen auf nicht direkt empirisch beobachtete Konstrukte zurückgehen, die Faktoren. In der konfirmatorischen Faktorenanalyse wird die Zuordnung der empirisch beobachteten Variablen zu den Faktoren aufgrund der erwähnten sachlogischen oder theoretischen Überlegungen vorgegeben. Die konfirmatorische Faktorenanalyse prüft dann die Stärke des Zusammenhangs zwischen den empirisch erhobenen Variablen und den vorgegebenen Faktoren. (Backhaus et al., 2015)

Moore und Benbasat (1991) selbst entwickelten mit ihrer Skala zur Messung der wahrgenommenen Eigenschaften von PWS die elaborierteste Skala zur Messung wahrgenommener Innovationseigenschaften. Die Reliabilitätskoeffizienten ihrer finalen Skalenlösung (vgl. Kasten Verfahren) weisen durchweg akzeptable Werte auf, und auch eine konfirmatorische Faktorenanalyse konnte die Struktur der Skala bestätigen.

Verfahren

Skala zur Erfassung der wahrgenommenen Eigenschaften einer Innovation von Moore & Benbasat (1991)

Beobachtbarkeit
1. I have seen what others do using their PWS (Personal Work Station).
2. In my organization, one sees PWS on many desks.

3. PWS are *not* very visible in my organization.
4. It is easy for me to observe others using PWS in my firm.

Kompatibilität
1. Using a PWS is compatible with all aspects of my work.
2. Using a PWS is completely compatible with my current situation.
3. I think that using a PWS fits well with the way I like to work.
4. Using a PWS fits into my work style.

Komplexität (Ease of Use)
1. I believe that a PWS is cumbersome to use.
2. It is easy for me to remember how to perform tasks using a PWS.
3. My using a PWS requires a lot of mental effort.
4. Using a PWS is often frustrating.
5. My interaction with a PWS is clear and understandable.
6. I believe that it is easy to get a PWS to do what I want it to do.
7. Overall, I believe that a PWS is easy to use.
8. Learning to operate a PWS is easy for me.

Möglichkeit des Ausprobierens
1. I've had a great deal of opportunity to try various PWS applications.
2. I know where I can go to satisfactorily try out various uses of a PWS.
3. A PWS was available to me to adequately test run various applications.
4. Before deciding whether to use any PWS applications, I was able to properly try them out.
5. I was permitted to use a PWS on a trial basis long enough to see what it could do.

Relativer Vorteil
1. Using a PWS enables me to accomplish tasks more quickly.
2. Using a PWS improves the quality of work I do.
3. Using a PWS makes it easier to do my job.
4. The disadvantages of my using a PWS far outweigh the advantages.
5. Using a PWS improves my job performance.
6. Overall, I find using a PWS to be advantageous in my job.
7. Using a PWS enhances my effectiveness on the job.
8. Using a PWS gives me greater control over my work.
9. Using a PWS increases my productivity.

3.4 Methodische Weiterentwicklungen
3.4.1 Untersuchungen des zeitlichen Verlaufs von Diffusionsprozessen

Wie bereits in Kapitel 3.1 angeführt, stellt die seit Jahrzehnten unveränderte Methodik der Diffusionsforschung einen der Hauptkritikpunkte an dieser Theorie dar. Meyer (2004, S. 59) fasst diese Methodik anhand der folgenden fünf Punkte zusammen: „(1) quantitative data, (2) concerning a single innovation, (3) collected from adopters, (4) at a single point in time, (5) after widespread diffusion had already taken place".

Prozessperspektive

Die Tatsache, dass es sich bei Diffusionsstudien zumeist um Studien im Querschnittsdesign handelt, führt zu zwei Problemen. Zum einen kann der *Prozess* der Diffusion so nicht adäquat abgebildet werden. Dieser Problematik könnte durch verstärkten Einsatz von Panel- oder Netzwerkstudien (vgl. Kapitel 3.4.2) oder zeitlich aufeinanderfolgenden Datenerhebungen in der Diffusionsforschung begegnet werden (vgl. u.a. Valente, 2005).

Verfahren

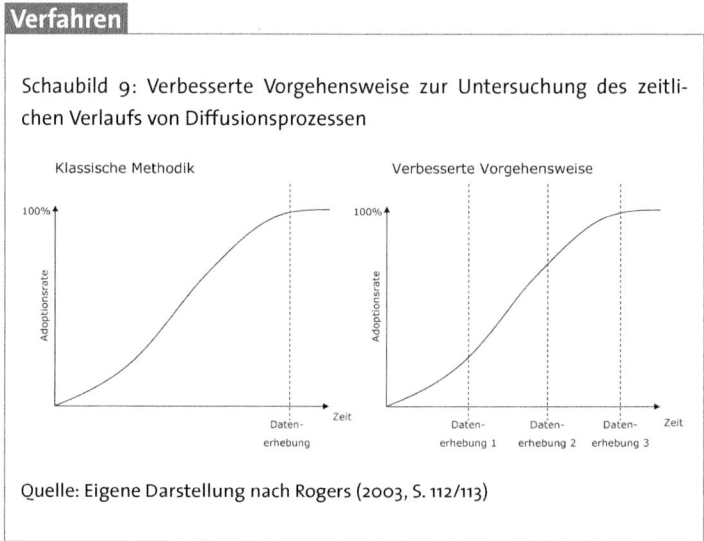

Schaubild 9: Verbesserte Vorgehensweise zur Untersuchung des zeitlichen Verlaufs von Diffusionsprozessen

Quelle: Eigene Darstellung nach Rogers (2003, S. 112/113)

Eine weitere, nur sehr selten genutzte, Möglichkeit stellt die Untersuchung von Archivmaterial dar, wie beispielsweise in der Studie von Coleman (1966). Diese hatten für ihre Untersuchung zur Ausbreitung des Antibiotikums Tetracyclin die von den an der Studie beteiligten Ärzt*innen ausgestellten Rezepte als Datengrundlage benutzt.

Kausalzusammenhänge

Zum anderen lassen Querschnittsstudien nur korrelative Zusammenhänge erkennen. Die *Identifikation von Kausalzusammenhängen* zwischen den am Diffusionsprozess beteiligten Faktoren ist so nicht möglich. So lässt die korrelative Natur der allermeisten Diffusionsstudien den zumeist dargestellten Kausalzusammenhang zwischen Eigenschaften der Innovation oder der Übernehmer*in auf die Adoptionsentscheidung eigentlich nicht zu. Auch hier könnten, wie oben angeführt, Panelstudien Abhilfe schaffen. Eine zweite Option sind quasi-experimentelle Feldstudien (so zum Beispiel die Untersuchung von Rogers et al., 1999), welche ebenfalls dazu geeignet sind, Kausalzusammenhänge zu untersuchen (vgl. Rogers, 2003). Meyer (2004, S. 66) führt die folgenden vier noch offenen Fragenkomplexe in der Diffusionsforschung an, welche durch den Einsatz quasi-experimenteller Methoden beantwortet werden könnten:

1. Wie hängen die Eigenschaften einer Innovation miteinander zusammen? Welchen Einfluss haben diese Faktoren auf unterschiedliche Arten von Innovationen und Innovationsclustern?
2. Wann, wie und wie lange besteht der Kontakt zwischen Übernehmer*innen und Meinungsführer*innen, und welchen Einfluss hat dieser Kontakt auf die Übernahmeentscheidung?
3. Welche Medien sind für den Diffusionsprozess am wichtigsten? Gibt es hier Unterschiede zwischen verschiedenen Typen an Innovationen und im Verlauf des Diffusionsprozesses?
4. Welche Botschaften fördern oder behindern die Übernahmeentscheidung? Wie sind diese Botschaften inhaltlich gestaltet und geframed?

Doch auch wenn derartige Untersuchungen den Horizont der Diffusionsforschung erweitern könnten, wären auch sie nicht frei von methodischen Problemen. So stellt sich bei quasi-experimentellen Untersuchungen grundsätzlich die Frage nach der internen Validität, d.h. möglicherweise unterscheiden sich die Personen in den Untersuchungsgruppen nicht nur hinsichtlich der interessierenden unabhängigen Variablen, sondern auch hinsichtlich weiterer für den Forschungsgegenstand relevanter Faktoren. Auch vom ethischen Standpunkt aus gesehen stellen quasi-experimentelle Untersuchungen ein Problem dar, da Personen unwissentlich zum Gegenstand von Untersuchungen werden (vgl. u.a. Bortz & Döring, 2006; Brosius et al., 2022).

Wie angeführt werden Diffusionsstudien zumeist erst dann durchgeführt, wenn sich die Innovation bereits weit verbreitet hat. Dies führt dazu, dass Übernehmer*innen zumeist erst lange nach ihrer Übernahmeentscheidung zu den Umständen dieser Entscheidung befragt werden. Hiermit ergibt sich ein weiteres Problem, das sogenannte

Recall-Problem

Recall-Problem der Diffusionsforschung. Da sich die Befragten an Ereignisse in der Vergangenheit zurückerinnern müssen, besteht die Gefahr, ungenaue oder falsche Informationen zu erhalten. Auch wenn eine Studie von Mayer et al. (1990) zur Challenger-Katastrophe im Jahr 1986 zeigen konnte, dass sich die Probanden noch Wochen nach dem Unglück genau an die Umstände erinnern konnten, wie sie davon Kenntnis erlangt hatten, so führt diese Tatsache doch insbesondere bei den Untersuchungen zur Diffusion von Nachrichten zu einer gewissen „Feuerwehr-Mentalität". Die Studien müssen unmittelbar nach dem unerwarteten Ereignis schnellstmöglich konzipiert und umgesetzt werden, was oftmals zu pragmatischen Abstrichen in der Umsetzung führt (vgl. De Fleur, 1987; Rogers, 2003).

3.4.2 Netzwerkanalysen

Die Analyse sozialer Netzwerke stellte neben ihrem theoretischen Ertrag (vgl. Kapitel 2.3.4) auch eine neue Methode im Instrumentarium der Diffusionsforschung dar, deren Fokus auf den Beziehungen zwischen den beteiligten Akteur*innen liegt.

Valente (2006) unterscheidet vier verschiedene Typen von Netzwerkanalysemodellen[2]:

Integrationsorientierte Modelle

(1) *Integrationsorientierte Modelle* stellen die älteste Form sozialer Netzwerkanalysemodelle dar. Diese Studien erheben die soziale Integration der Übernehmer*innen, um daraus Erkenntnisse für den Diffusionsverlauf zu generieren. Die einflussreichste Studie dieser Art ist die bereits vorgestellte Untersuchung von Coleman et al. (1957; vgl. Kapitel 2.3.4) zur Verbreitung eines neuen Medikaments. In dieser Studie stellen die Autoren drei klassische soziometrische Fragen, um die soziale Integration der Übernehmer*innen zu erheben:

– An wen wenden Sie sich am häufigsten, um Rat und Informationen zu bekommen?
– Mit wem sprechen Sie im Laufe einer Woche am häufigsten über Ihre Patient*innen?
– Welche Kolleg*innen sehen Sie auch als Freund*innen privat am häufigsten?

Die Nennungen, die eine Person so erhält, werden im Rahmen der integrationsorientierten Modelle zu einem als Indegree bezeichneten Wert addiert, der die Stellung der jeweiligen Person im Netzwerk charakterisiert.

---

2 Das fünfte von Valente (2006) beschriebene Modell ist aufgrund seiner reinen Anwendungsorientierung an dieser Stelle nicht relevant.

> **Begriffe**
>
> Degree, Indegree und Outdegree
>
> Als *Degree* bezeichnet man in der sozialen Netzwerkanalyse die Anzahl direkter Verbindungen eines Akteurs zu anderen Akteuren, der *Indegree* bezeichnet die Summe der eingehenden Verbindungen von anderen Akteuren, der *Outdegree* die Zahl der ausgehenden Verbindungen zu anderen Akteuren (vgl. Jansen, 2006).

(2) Einen Schritt weiter gehen *strukturorientierte Netzwerkmodelle*, indem sie die tatsächliche Struktur eines Netzwerks betrachten. Im Gegensatz zu integrationsorientierten Modellen spielt nun nicht nur die reine Quantität an Beziehungen, sondern auch deren Qualität eine Rolle. Wegweisend hierfür war zum einen Granovetters (1973) Hypothese der "strength of weak ties", welche postuliert, dass gerade schwache Verbindungen zu Personen, mit denen man nicht intensiv und häufig verbunden ist, zentral für den Diffusionsprozess sind. Zudem lässt sich durch strukturorientierte Netzwerkmodelle auch der positive Einfluss von Kohäsion und struktureller Äquivalenz auf den Diffusionsprozess untersuchen. Kohäsion meint die Zusammenhänge bzw. kurzen Verbindungen zwischen Übernehmer*innen in einem Netzwerk, über welche sich die Neuerung verbreitet. Das Prinzip der sozialen Äquivalenz dahingegen geht davon aus, dass eine Verbindung nicht zwingend nötig ist, sondern (potenzielle) Übernehmer*innen sich vielmehr am Verhalten strukturell ähnlicher Personen orientieren (vgl. Burt, 1987).

<small>Strukturorientierte Netzwerkmodelle</small>

(3) *Kritische Masse orientierte Modelle* beschäftigen sich mit dem Einfluss von Wendepunkten wie dem Punkt der kritischen Masse (vgl. Kapitel 1.1.2) im Diffusionsprozess (vgl. u.a. Schelling, 1978; Mahajan & Peterson, 1985).

<small>Kritische Masse orientierte Modelle</small>

(4) Die derzeit elaborierteste Form sozialer Netzwerkmodelle stellen *dynamische Modelle* dar. Diese modellieren die Zusammenhänge im Adoptionsverhalten in einem Netzwerk im Zeitverlauf (vgl. Marsden & Podolny, 1990; Snijders, 2005). Eine zusätzliche Schwierigkeit bei dieser Art der Modellierung stellt die Tatsache dar, dass nicht nur die Netzwerkstruktur das Adoptionsverhalten beeinflusst, sondern auch umgekehrt das Adoptionsverhalten die Netzwerkstruktur (vgl. Strang & Tuma, 1993).

<small>Dynamische Modelle</small>

4. Empirische Befunde

Dieses Kapitel widmet sich ausschließlich den empirischen Befunden der Diffusionsforschung zu klassischem Gegenständen der Kommunikationswissenschaft: die Diffusion von Medieninnovationen sowie die Diffusion von Nachrichten.

4.1 Diffusion und Übernahme von Medieninnovationen

Diffusionsprozess

Ein kleiner Teil dieser Studien beschäftigt sich mit dem *Diffusionsprozess* und den ihn beeinflussenden Faktoren bei Medieninnovationen. Diese Studien konnten auch für Medieninnovationen den S-förmigen Verlauf der Diffusionskurve (vgl. Kapitel 1.1.2) belegen. Beispielsweise untersuchte Larsen (1962) die Verbreitung der Medieninnovation TV in den USA und Dänemark hinsichtlich des Diffusionsverlaufs und des Einflusses der Innovatoren und frühen Übernehmer. Für diese Untersuchung griff er auf Verkaufszahlen und die Ergebnisse anderer Studien zur Verbreitung des Fernsehens in diesen beiden Ländern zurück. Larsen konnte dabei feststellen, dass sich diese Innovation zu diesem Zeitpunkt in den beiden Ländern an unterschiedlichen Punkten der S-Kurve befand. Während sich in den USA bereits der klassische S-förmige Verlauf abzeichnete, befand sich die Kurve für Dänemark noch in ihrem Anfangsstadium. Stenberg (2018) untersuchte die Verbreitung von Internetanschlüssen in US-Haushalten und stellt fest, dass sich die Verbreitung in den Jahren 2012 bis 2015 bereits in der dritten Phase der S-Kurve mit nur noch geringen Zuwächsen und teilweise leichten Rückgängen befindet. Betrachtet man nur die Haushalte amerikanischer Ureinwohner*innen, so hat die Verbreitung jedoch noch nicht diese dritte Phase der S-Kurve erreicht.

4. Empirische Befunde

Verfahren

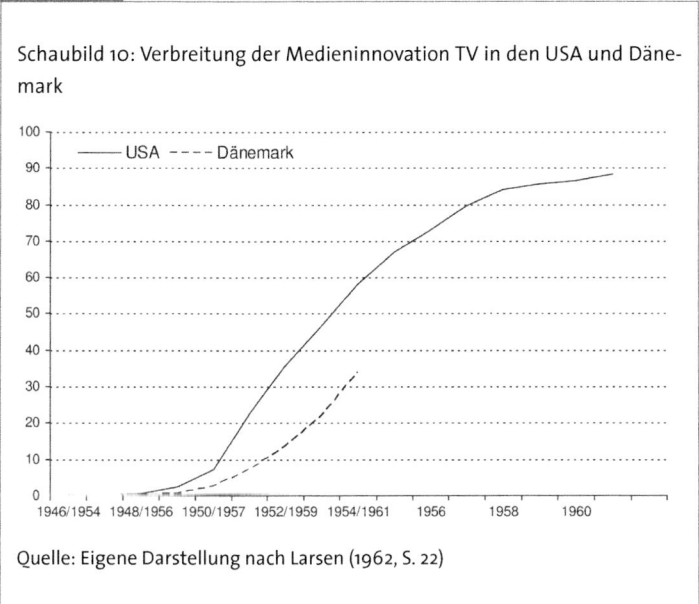

Schaubild 10: Verbreitung der Medieninnovation TV in den USA und Dänemark

Quelle: Eigene Darstellung nach Larsen (1962, S. 22)

Zudem wurden Einflussfaktoren auf den gesamten Diffusionsprozess untersucht. Rössler (1998) untersuchte die Ausbreitung des Medientypus der Illustrierten in Deutschland und betrachtete diese dabei sowohl als Objekt als auch als Subjekt des Diffusionsprozesses. Er konnte so den Einfluss und Multiplikatoreffekt der frühen Übernehmer auf die Entwicklung dieses Medientypus in Deutschland zeigen. Weber und Evans (2002) konnten den Zusammenhang zwischen Art und Ausmaß der Medienberichterstattung über eine Medieninnovation – in ihrem Fall digitales Fernsehen – und der erfolgreichen Ausbreitung der fraglichen Innovation bestätigen. Hierzu untersuchten die Autor*innen die Verbreitung dieser Innovation in Großbritannien, den USA und Australien sowie die Medienberichterstattung über digitales Fernsehen in diesen drei Ländern. Streeter (1996) untersuchte den Einfluss diverser sozialer, technischer, ökonomischer und regulatorischer Faktoren auf die Verbreitung des privaten Rundfunks.

Einflussfaktoren

Der weitaus größere Anteil an Studien zu Medieninnovationen beschäftigt sich allerdings nicht mit dem gesamten Diffusionsprozess, sondern mit der *Adoptionsentscheidung*, d.h. der Frage, unter welchen Umständen eine Medieninnovation von den Rezipient*innen übernommen wird.

Adoptionsentscheidung

4. Empirische Befunde

Eigenschaften der Innovation

Diese Untersuchungen bestätigten zum einen die Gültigkeit des Einflusses der von Rogers (2003) angeführten *Eigenschaften der Innovation* (vgl. Kapitel 1.2.1) auf die Übernahmeentscheidung auch für Medieninnovationen. So konnten LaRose und Atkin (1992) in einer Repräsentativbefragung von etwa 600 US-Bürger*innen zu ihrer Nutzung von Informationstechnologien einen positiven Zusammenhang zwischen der Übernahme verschiedener Festnetz-Telefonservices und der wahrgenommenen Kompatibilität dieser Innovation feststellen. Den positiven Einfluss der Kompatibilität auf die Übernahmeentscheidung zeigen auch Wang und Lin (2019) für die kontaktlose Kreditkartenzahlung in Taiwan. In einer Befragung von 268 Mitarbeitern aller Fakultäten und Departments einer Universität im Südosten der USA untersuchte Wei (2006) den Einfluss verschiedener Eigenschaften einer Innovation auf ihre Übernahmewahrscheinlichkeit. Dabei zeigte sich der größte Einfluss von relativem Vorteil und Kompatibilität der Innovation auf die Übernahme der Innovation, in diesem Fall der Nutzung von Wi-Fi am Arbeitsplatz. Die Bedeutung des relativen Vorteils für die Adoptionsentscheidung konnten auch Chan-Olmsted et al. (2013) für die Übernahme von mobilen Nachrichtendiensten unter jungen Erwachsenen und Wang et al. (2018) für die Adoption von GPS Navigationsapps nachweisen.

> **Verfahren**
>
> **Items zur Erfassung der Innovationseigenschaften relativer Vorteil, Kompatibilität, Einfachheit der Nutzung, Beobachtbarkeit und Status (Wei, 2006)**
>
> *Relative advantage (Relativer Vorteil)*
> - Wi-Fi can make me more productive.
> - Wi-Fi will enhance the quality of overall Internet use.
> - Using Wi-Fi will save me time.
> - Wi-Fi frees me up from a fixed location to go online.
> - Wi-Fi will make going online very convenient.
>
> *Compatibility (Kompatibilität)*
> - Use of Wi-Fi suits the way I work, and my lifestyle.
> - Wi-Fi offers me more options to go online and seamless connectivity with wired networks.
>
> *Ease of use (Einfachheit der Nutzung)*
> - Wi-Fi is easy to learn and use.
> - It will be difficult to learn how to use Wi-Fi.

- Instructions for using Wi-Fi are hard to follow.
- It will be too much trouble to use Wi-Fi.

Observability (Beobachtbarkeit)
- It's easy to explain the benefits of Wi-Fi.
- The benefits of Wi-Fi are obvious.

Social status (Status)
- People who use Wi-Fi appear to be superior to others.
- Use of Wi-Fi has become a symbol of social status.

Auch Zhu und He (2002) bestätigten insbesondere den Einfluss der wahrgenommenen Kompatibilität auf die Übernahmeentscheidung der Nutzung des Internets in Hongkong. Lin (1998) und Lin und Jeffres (1998) kamen zum identischen Ergebnis bei der Nutzung von PCs. Den negativen Einfluss der Komplexität einer Innovation auf deren Übernahme konnten unter anderem Farivar et al. (2020) für Wearables und Jaradat und Imlawi (2021) für VR-Anwendungen im Bildungssektor nachweisen. Lin und Bautista (2017) zeigten basierend auf einer Befragung Singapurianischer Studierender insbesondere den positiven Einfluss der Beobachtbarkeit auf die Übernahme von mHealth-Anwendungen.

Kernsätze

Die wahrgenommene Kompatibilität einer Medieninnovation stellt einen der wichtigsten Einflussfaktoren auf die Übernahme der fraglichen Innovation durch die Rezipienten dar.

Auch die klassischen *Eigenschaften der frühen Übernehmer* (vgl. Kapitel 1.1.2) konnten vielfach bestätigt werden. Wei (2001) führte 2000 eine repräsentative Telefonbefragung unter 1190 Einwohner*innen Hongkongs durch. Dabei konnte er insbesondere den Einfluss des sozioökonomischen Status auf die frühe Übernahme der Innovation Mobiltelefon bestätigen. Auch Dutton et al. (1987) können in einer Metaanalyse von elf Befragungsstudien zur Verbreitung des PCs in US-amerikanischen Haushalten formale Bildung als wichtigen Einflussfaktor auf die Adoption belegen. Zahlreiche weitere Studien und Metaanalysen, beispielsweise zur Nutzung des Internets bzw. verschiedener Onlinedienste wie auch Social Media (vgl. Cheong, 2002; Li & Shiu, 2012; Sarrina Li, 2013; Zhu & He, 2002; Feng et al., 2019), der Übernahme neuer Kommunikationsdienste in China (Leung, 1998), der Nutzung von Online-Computerspielen (Chang

Eigenschaften der frühen Übernehmer

et al., 2006) und der Übernahme von Mobilkommunikations-Diensten (Leung & Wei, 1999), zeigten ebenfalls einen positiven Zusammenhang zwischen höherer formaler Bildung, höherem Einkommen, niedrigerem Alter und der Entscheidung für die Übernahme einer Innovation.

In dieser vielfach belegten Spaltung der Gesellschaft hinsichtlich des sozioökonomischen Status bei der Übernahme von Medieninnovationen zeigt sich eine negative Konsequenz (vgl. Kapitel 1.2.2) der Diffusion von Medieninnovationen. Sie wird in der Kommunikationswissenschaft auch unter dem Stichwort der Wissensklüfte – speziell der Zugangsklüfte bzw. der Digital Divide diskutiert (ausführlich dazu auch der Band von Zillien & Haufs-Brusberg, 2014 in dieser Reihe). Diese ursprünglich auf eine Studie von Tichenor et al. (1970) zur Informationsverteilung in der Gesellschaft zurückgehenden Überlegungen, beziehen sich in ihren Weiterentwicklungen und Adaptionen auf die Gegebenheiten des heutigen Medienumfelds auch auf die Frage nach dem Zugang zu neuen Medien (vgl. u.a. Bonfadelli, 2002).

Innovativeness

Neben diesen Eigenschaften der Übernehmer*innen spielt auch das Konzept der *innovativeness* (vgl. Kapitel 2.3.1) eine große Rolle bei der Adoption von Medieninnovationen. Innovationsfreudige Rezipient*innen übernehmen beispielsweise schneller neue Kommunikationsdienste (Leung, 1998; Huang & Zhang, 2017), Online-Computerspiele (Chang et al., 2006), Nachrichtenangebote über mobile Endgeräte (Li, 2013) oder E-Books (Lee, 2013). Es zeigt sich jedoch auch, dass der Einfluss der *innovativeness* für Innovationen, die in einem sozialen System zwar noch nicht weit verbreitet sind, aber trotzdem nicht mehr als neu gelten können, rapide abnimmt (Li, 2014).

Kommunikationskanäle

Bezüglich des *Einflusses verschiedener Kommunikationskanäle* ist die Befundlage im Fall von Medieninnovationen etwas uneinheitlicher. Insbesondere der Einfluss massenmedialer Kommunikationskanäle auf die Übernahmeentscheidung konnte bisher kaum bestätigt werden. So fand Lin (2001) nur einen sehr schwachen Einfluss der Mediennutzung auf die Entscheidung, das Internet zu nutzen. Auch Quiring (2007) berichtet nur einen marginalen Zusammenhang zwischen der Mediennutzung und der Entscheidung für die Nutzung von interaktivem Fernsehen.

Der Einfluss interpersonaler Kommunikation im sozialen Umfeld der Rezipient*innen auf die Übernahmeentscheidung von Medieninnovationen konnte dahingegen vielfach belegt werden. So begannen Menschen in Südkorea und Hongkong hauptsächlich dann das Internet zu nutzen, wenn sie entsprechende Signale aus ihrem direkten Umfeld erhielten (vgl. Rhee & Kim, 2004; Zhu & He, 2002). Gleiches gilt für die Nutzung von WiFi-Diensten am Arbeitsplatz (vgl. Wei, 2006) oder für die Nutzung von Mobilkommunikationsdiensten (vgl. Wei, 2001). Auch in Griechenland ließ sich der immense Einfluss interpersonaler Kommunikationskanäle bestätigen. Hier spielte das Dorfcafé als Kommunikationsplattform eine entscheidende Rolle bei der Übernahme neuer Kommunikationsdienste (vgl. Lagos, 2008).

> **Kernsätze**
>
> Insbesondere die Beeinflussung durch interpersonale Kommunikationskanäle im sozialen Umfeld hat einen großen Einfluss auf die Übernahmeentscheidung bei Medieninnovationen.

4.2 Diffusion von Nachrichten

Einen zweiten großen Anwendungsbereich der Diffusionstheorie in der Kommunikationswissenschaft stellt die Diffusion von Nachrichten dar. Hierbei handelt es sich nach Rogers (2003) um einen verkürzten Übernahmeprozess, der bloß bis zum Wissen über etwas (*Awareness-Knowledge*) reicht (vgl. Kapitel 1.1.1).

Die kommunikationswissenschaftliche Forschung zur Verbreitung von Nachrichten in der Gesellschaft beginnt in den 1940er- und 1950er-Jahren mit verschiedenen Untersuchungen zur Verbreitung von Nachrichten über unvorhersehbare Ereignisse, wie beispielsweise den Tod von Präsident Roosevelt (Miller, 1945), den Tod des US-Senators Robert A. Taft (Larsen & Hill, 1954), Präsident Eisenhowers Entscheidung für eine zweite Amtszeit zu kandidieren (Danielson, 1956) oder die Ermordung von Präsident Kennedy (Greenberg, 1964 b). Diese Studien (vgl. auch Hill & Bonjean, 1946; Mendelsohn, 1964; Sheatsley & Feldman, 1965; Spitzer & Spitzer, 1965) zeigen den hohen Stellenwert der Massenmedien als Informationsquelle für derartige Nachrichten. Deutschmann und Danielson (1960) konnten in ihrer Untersuchung von drei unerwarteten Nachrichtenereignissen (der Erkrankung Eisenhowers, der Explorer-I-Expedition und der Tatsache, dass Alaska zum US-Bundesstaat wird) zeigen, dass im Mittel 88% der Befragten diese Information aus den Massenmedien bezogen hatten. Erst im Anschluss daran sprechen die Menschen mit anderen über derartig überraschende Ereignisse und tragen die Information so weiter. Zu ähnlichen Ergebnissen kommen auch Adams et al. (1969) bezüglich der Enzyklika von Papst Paul IV.

Massenmedien als Informationsquelle

sowie Budd et al. (1966) bezüglich des Falls Walter Jenkins und des Rücktritts von Nikita Chruschtschow als Ministerpräsident der UdSSR und Parteichef der KPdSU.

Schlüsselstudien

Die Verbreitung der Nachricht vom Tod des US-Senators Robert A. Taft

Auch wenn die Studie von Miller (1945) zur Verbreitung der Nachricht über den Tod von Präsident Roosevelt und die Studie von Bogart (1950) zur Verbreitung einer Nachricht von nur lokalem Interesse bereits vor der Untersuchung von Larsen und Hill (1954) stattfanden, kann diese Untersuchung als Ausgangspunkt der Forschung zur Diffusion von Nachrichten in einem sozialen System gelten. Larsen und Hill (1954) untersuchten, wie Menschen in Seattle vom Tod des berühmten US-Senators Robert A. Taft erfahren haben. Senator Taft war am Freitag, den 31. Juli 1953, um 7:30 Uhr morgens in einem New Yorker Krankenhaus verstorben, und die Nachricht wurde umgehend über die massenmedialen Kanäle dieser Zeit verbreitet. Um nun den Diffusionsprozess dieser Nachricht zu untersuchen, befragten Larsen und Hill am Morgen des darauffolgenden Tages Personen aus zwei Gruppen mit unterschiedlichem sozioökonomischem Status: Zum einen Mitarbeiter*innen einer Universität und zum anderen Arbeiter*innen mit geringem Einkommen. Was die Geschwindigkeit der Ausbreitung angeht, konnten die Forscher nur geringe Unterschiede feststellen. Nach 11 Stunden hatten 90% der befragten Universitäts-Mitarbeiter*innen vom Tod des Senators erfahren. Bei den Arbeiter*innen war dieser Anteil nach 14 Stunden erreicht. Der Anteil interpersonaler Kommunikationskanäle bei der Verbreitung der Information lag bei den Universitäts-Mitarbeiter*innen mit 35% deutlich höher als bei den Arbeiter*innen (17%). Die Autoren schlossen daraus, dass Massenmedien zwar die wichtigste Informationsquelle darstellen, der Anteil des Einflusses interpersonaler Kommunikation jedoch wohl vom wahrgenommenen Nachrichtenwert der Information abhängt.

J-Kurve Greenberg (1964a) führte diese Einzelbefunde in einer Metaanalyse der Verbreitung von 18 verschiedenen Nachrichtenereignissen zur J-Kurve der Nachrichtendiffusion zusammen. Er klassifizierte Nachrichten dafür in drei verschiedene Kategorien[3], die sich im Anteil der interpersonalen Kommunikation an ihrer Verbreitung unterscheiden.

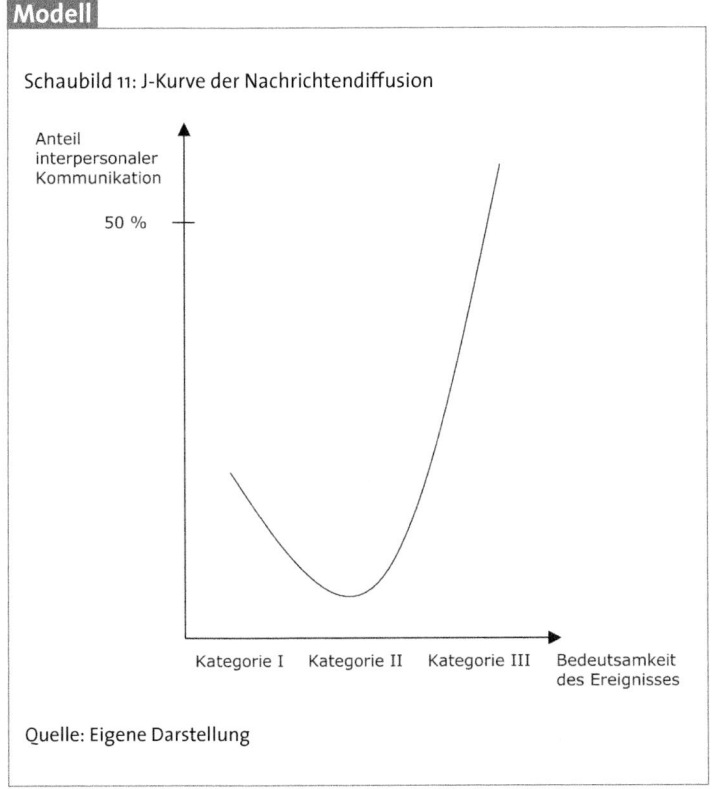

Schaubild 11: J-Kurve der Nachrichtendiffusion

Quelle: Eigene Darstellung

Nachrichten der *ersten Kategorie* sind von geringer Bedeutung für die Allgemeinheit, haben jedoch eine hohe Bedeutung für einige wenige Personen. Diese Ereignisse erhalten wenig Aufmerksamkeit in den Massenmedien. Da sie jedoch von hoher Bedeutung für eine kleine Gruppe von Personen sind, werden sie mit hoher Wahrscheinlichkeit durch interpersonale Kanäle zwischen den Mitgliedern dieser betroffenen Gruppe weitergegeben. Nachrichten der *zweiten Kategorie* sind für den Großteil der Gesellschaft von Bedeutung und werden auch dementsprechend prominent in den Massenmedien behandelt. Von diesen Nachrichten erfahren die meisten Menschen direkt durch die Massenmedien. Nichtsdestotrotz werden diese Ereignisse oftmals im

Nachrichtenkategorien

---

[3] In seiner Metaanalyse hatte Greenberg (1964a) zunächst fünf verschiedene Ereignistypen unterschieden, welche er dann auf drei reduzierte.

Nachgang interpersonal diskutiert. Dramatische Ereignisse von hoher Wichtigkeit und Dringlichkeit stellen Nachrichten der *dritten Kategorie* dar. Innerhalb kurzer Zeit erfährt beinahe jedes Mitglied der Gesellschaft von diesen Ereignissen. Obwohl diese Ereignisse auch in den Massenmedien hohe Aufmerksamkeit erfahren, ist hier der Anteil derjenigen, die durch interpersonale Kommunikation – welche in diesem Kontext oftmals als „word of mouth" bezeichnet wird – von diesen Ereignissen erfahren haben, relativ hoch, da die extrem hohe Bedeutsamkeit dieser Ereignisse sowohl interpersonale als auch massenmediale Kommunikationskanäle mobilisiert.

Interpersonale Kommunikationskanäle

Auch nachfolgende Studien konnten immer wieder insbesondere den großen Einfluss interpersonaler Kommunikationskanäle bei der Verbreitung von überraschenden und bedeutsamen Nachrichten bestätigen (vgl. u.a. Adams et al., 1969; Allen & Colfax, 1968; Funkhouser & McCombs, 1971; Fathi, 1973; Gantz et al., 1976; Gantz, 1983; Hanneman & Greenberg, 1973; Levy, 1969; O'Keefe, 1969; O'Keefe & Kissel, 1971; Ostlund, 1973; Rosengren, 1973). In den 1970er-Jahren ebbte die insbesondere durch die Ermordung von John F. Kennedy in den 1960er-Jahren ausgelöste große Welle an Untersuchungen zur Verbreitung von Nachrichten langsam ab (vgl. De Fleur, 1987). Im Anschluss an den Mord am schwedischen Premierminister Olof Palme Mitte der 1980er-Jahre widmeten sich Forscher*innen noch einmal vermehrt der Diffusion von Nachrichten, diesmal jedoch hauptsächlich unter einem vergleichenden Gesichtspunkt (vgl. u.a. Broddason et al., 1987; Gantz & Tokinoya, 1987; Haraldsen et al., 1987; Kepplinger et al., 1987; Weibull et al., 1987). Diese Studien konnten alle bestätigen, dass die – teilweise je nach Land variierende – Bedeutung des Ereignisses sowohl die Verbreitungsgeschwindigkeit, als auch die Wichtigkeit interpersonaler Kommunikationskanäle bei der Verbreitung der Nachricht beeinflusst. Unterschiede ergeben sich je nach Mediensystem hinsichtlich des Mediums, aus welchem die Erstinformation über das Ereignis am häufigsten bezogen wurde (vgl. auch Rosengren, 1987).

Relevanz des Fernsehens

In den Folgejahren finden sich nur noch einige wenige Studien zur Verbreitung von Nachrichten (vgl. u.a. Cohen, 2002; Mayer et al., 1990; Pan et al., 1994). Selbst die Terroranschläge vom 11. September 2001, deren Einzigartigkeit auch als Nachrichtenereignis sicherlich unbestritten ist, führten zu einer im Vergleich zu den Forschungsaktivitäten der 1960er- und 1970er-Jahre nur sehr bescheidenen Forschungstätigkeit (vgl. u.a. Emmer et al., 2002; Rogers & Seidel, 2002). Auch diese Studien konnten die extrem rasche Verbreitung derartiger Ereignisse zeigen. Sie bestätigten zudem die Relevanz des Fernsehens als wichtigstes Alarmmedium. Dem Internet als neuem Kommunikationskanal kam dahingegen zu diesem Zeitpunkt nur eine geringe Bedeutung als Erstinformationsquelle zu.

Dies hat sich in der jüngsten Vergangenheit mit der weiten Verbreitung sozialer Medien geändert, welche als schnelles Informationsmedium im Falle überraschender und bedeutsamer Ereignisse immer mehr an Bedeutung gewinnen (vgl. Lachlan et al., 2014; Lachlan et al., 2016; Mazer et al., 2015; Thomas et al., 2016; zur Verbreitung von Nachrichten über soziale Medien vgl. Kapitel 4.3).

Soziale Medien

Hauptproblem der gesamten Forschungsrichtung blieb und ist immer noch ihre „Feuerwehr-Mentalität" (vgl. De Fleur, 1987). Auch wenn einige wenige Studien, wie beispielsweise diejenigen von Deutschmann & Danielson, (1960), bereits im Voraus geplant und konzipiert worden waren und die Forscher*innen dann auf passende Ereignisse gewartet hatten, wurde die Forschung letztendlich doch immer wieder von der Realität überholt. Zudem regt Rogers (2000) in seinem Überblick über die bisherige Forschung zur Diffusion von Nachrichten an, den Fokus dieser Forschungsrichtung auszuweiten und weitere Variablen wie den Einstellungs- oder Verhaltenswandel in die Untersuchungen einzubeziehen, wie dies beispielsweise Singhal et al. (1999) getan haben.

Neben diesen Untersuchungen zur Verbreitung von zumeist klassischen Nachrichten, hat sich die Forschung auch der Ausbreitung von Gerüchten und fehlerhaften bzw. gefährlichen Informationen insbesondere durch neue Medienformen wie Weblogs, Online-Diskussionsforen oder soziale Medien zugewandt (vgl. u.a. Doerr et al., 2012; Kostka et al., 2008; Rice, 2001; Shin et al., 2017; Walker & Gibbons, 2006). Beispielsweise untersuchten Bordia und Difonzo (2004) die Ausbreitung von 14 Gerüchten in Online-Diskussionsforen. Sie konnten ein vierstufiges Modell der Gerüchteverbreitung identifizieren. In der ersten Phase wird das Gerücht in die Diskussion eingeführt, und es wird um Rückmeldungen und Bewertungen von den anderen Diskussionsteilnehmern gebeten. In dieser Phase finden sich die meisten Informationsaussagen. Auch in der zweiten Phase finden sich noch viele Informationsaussagen im Diskussionsverlauf, der Anteil der fragenden Statements geht jedoch zurück und das Interpretieren und Einordnen beginnt. In der dritten Phase dominieren Interpretation und Einordnung der fraglichen Informationen und das Gerücht wird bewertet. In der vierten Phase schließlich geht das

Verbreitung von Gerüchten

Interesse am fraglichen Gerücht zurück, und andere Themen treten in den Vordergrund.

Verbreitung von Theorien und Ideologien

Eine Sonderform der Diffusion von Informationen stellt die Verbreitung von Theorien und Ideologien in einer Gesellschaft bzw. einem Wissenschaftssystem dar. So hat sich beispielsweise Wendelin (2008) basierend auf den Gedanken der Diffusionstheorie mit der Verbreitung der Systemtheorie in der deutschen Kommunikationswissenschaft auseinandergesetzt. Hinz und Wagner (2010) beschäftigten sich mit der Diffusion einer sozialen Bewegung (lokale Austauschnetzwerke) in Deutschland. Strodthoff et al. (1985) untersuchten die Ausbreitung der Ökobewegung als neue Ideologie in den USA. In der jüngsten Vergangenheit wurde diese Forschung im Kontext der Reformbewegungen des Arabischen Frühlings wiederaufgenommen. Rane und Salem (2012) untersuchten beispielsweise den unterschiedlichen Stellenwert von sozialen Medien und Massenmedien bei der Verbreitung von Reformideen während des Arabischen Frühlings.

4.3 News Sharing

Insbesondere mit der rapiden Verbreitung sozialer Medien in der vergangenen Dekade, hat die Forschung zur Verbreitung von Nachrichten in vielen Disziplinen von der Informationstechnik über Marketing und Psychologie bis zur Kommunikations- und Medienwissenschaften wieder an Fahrt aufgenommen. Bei diesen Arbeiten, welche nur teilweise explizit auf die Diffusionstheorie verweisen, handelt es sich nicht um einen kohärenten Ansatz, sondern vielmehr um eine Vielzahl von oftmals nicht miteinander in Bezug stehenden Forschungsarbeiten, welche sich sowohl auf der Mikro- als auch der Makroeben dem Prozess des Nachrichtenteilens (Sharing) in sozialen Medien widmen. Kümpel et al. (2015) legen in ihrem Literaturüberblick eine erste Systematisierung dieser Forschung vor und identifizieren dabei drei Bereiche: (1) Nutzer*innen und Organisationen, (2) Inhalte und (3) Netzwerke.

*Nutzer*innen und Organisationen*

Forschung zu Nutzer*innen und Organisationen, welche Nachrichten in sozialen Medien verbreiten, findet sich zum einen im Rahmen von Studien zur Nachrichtennutzung und politischen Partizipation online (z.B. Bachmann & Gil de Zúñiga, 2013; Gil de Zúñiga et al., 2012; Gil de Zúñiga et al., 2014; Glynn et al., 2012; Nielsen & Schrøder, 2014; Purcell et al., 2010). Diese Studien legen ihren Fokus vor allem auf die Verbreitung von Nachrichten als Form der Teilhabe am gesellschaftlichen Diskurs und integrieren den Prozess der Nachrichtenverbreitung damit in den breiteren Diskurs zur politischen Partizipation. Da das Nachrichtenteilen selbst in diesen Studien je-

4. Empirische Befunde

doch zumeist ein Randaspekt bleibt, finden sich hier keine Aussagen zu spezifischen Wirkungen oder Einflussfaktoren auf das Nachrichtenteilen in sozialen Medien. Andere Studien beschäftigen sich, ähnlich der Forschung zu den Eigenschaften von Übernehmer*innen von Innovationen (vgl. Kapitel 1.1.2 und 4.1), mit den Eigenschaften und Einstellungen von Nutzer*innen, die Nachrichten in sozialen Medien teilen. Als relevante Einflussfaktoren zeigten sich so Meinungsführerschaft (z.B. Hu et al., 2012; Ma et al., 2013, 2014; Wu et al., 2011), Bindungsstärke und soziale Homophilie (z.B. Bakshy et al., 2012; Ma et al., 2013, 2014; Susarla et al., 2012), generelle Aktivität in sozialen Medien (z.B. Ferrara et al., 2014; Horan, 2013), Zahl der Freund*innen (z.B. Bakshy et al., 2011; Hong et al., 2011; Wu et al., 2011) sowie Nachrichten- und Inhaltspräferenzen (z.B. Hermida et al., 2012; Himelboim et al., 2013; Lehmann et al., 2013; Romero et al., 2011; Rosengard et al., 2014; Sun et al., 2009; Weeks & Holbert, 2013). Wie Kümpel et al. (2015) zusammenfassend feststellen, sehen sich Nutzer*innen, welche Nachrichten in sozialen Medien teilen, selbst als Meinungsführer*innen, haben zumeist viele Freund*innen und Follower*innen und zeichnen sich durch eine umfassende Mediennutzung sowie die Nutzung einer Vielzahl an Informationsquellen aus. Ein dritter Bereich an Studien zu Nutzer*innen und Organisationen, welche Nachrichten in sozialen Medien teilen, widmet sich deren Motiven, oftmals im Sinne des Uses-and-Gratifications-Approach (vgl. Kapitel 6.2). Eines der wichtigsten Motive für das Teilen von Nachrichten in sozialen Medien ist es Ansehen, Anerkennung und Aufmerksamkeit unter den eigenen Freund*innen bzw. Follower*innen zu erlangen (z.B. boyd et al., 2010; Lee & Ma, 2012; Ma et al., 2011). Neben diesen eher selbstbezogenen Motiven zeigt sich Nachrichtenteilen an sich als wichtigstes altruistisches Motiv (z.B. boyd et al., 2010; Holton et al., 2014; Small, 2011). Zudem zeigen sich auch soziale Motive für das Teilen von Nachrichten, wie beispielsweise Kontaktpflege (z.B. Hanson & Haridakis, 2008; Lee & Ma, 2012; Ma et al., 2011).

Neben den Eigenschaften der teilenden Nutzer*innen und Organisationen beschäftigt sich ein zweiter Bereich an Forschungsarbeiten mit den Eigenschaften der geteilten Inhalte, ähnlich der Forschung zu den Eigenschaften von Innovationen (vgl. Kapitel 1.2.1 und 4.1). Diese Studien untersuchen welche inhaltlichen Faktoren, aber auch welche formalen Eigenschaften der Inhalte dazu führen, dass Inhalte häufig geteilt werden. Es zeigt sich, dass insbesondere Inhalte, die positive Gefühle hervorrufen, häufig geteilt werden (z.B. Bakshy et al., 2011; Berger & Milkman, 2012). Auch emotional aufwühlen-

Inhalte

de Inhalte (Berger, 2011; Berger & Milkman, 2012) oder Inhalte, die als interessant wahrgenommen werden (Bakshy et al., 2011), werden häufiger geteilt. Zudem beeinflussen Nachrichtenfaktoren die Verbreitung von Inhalten in sozialen Medien (z.b. Karnowski et al., 2021; Rudat et al. 2014; ausführlich zur Nachrichtenwerttheorie siehe den Band von Maier, et al., 2018 in dieser Reihe). Keyling et al. (2013) konnten in ihrer automatisierten Beobachtung der Verbreitung von deutschsprachigen Nachrichtenartikeln über Facebook und Twitter zudem zeigen, dass sowohl die Verbreitungsgeschwindigkeit als auch die Reichweite der Verbreitung zwischen verschiedenen Nachrichtenressorts variiert. Hinsichtlich der formalen Aspekte spielt insbesondere die Platzierung eines Inhalts auf einer Website eine große Rolle: Je prominenter ein Inhalt platziert wird, desto häufiger wird er auch geteilt (Berger & Milkman, 2012). Allen hier genannten Studien ist gemein, dass sie davon ausgehen, dass der Inhalt einer Nachricht über den Diffusionsprozess hinweg unverändert bleibt – eine Vereinfachung, die sich so auch bereits in der Untersuchung der Diffusion von Innovationen gezeigt hatte und mit dem Konzept der Re-Invention aufgegriffen wurde (vgl. Kapitel 2.3.2). Im et al. (2011) stellen diese Grundannahme auch für die Diffusion von Nachrichten infrage und untersuchen die Onlineverbreitung von Nachrichten in Korea. Dabei können sie zeigen, dass die Grundannahme des stabilen Nachrichteninhalts, welcher unverändert verbreitet wird, so nicht mehr haltbar ist. Dieser Aspekt der Nachrichtendiffusion online und insbesondere auch über soziale Medien wurde bisher kaum beleuchtet.

Netzwerk Arbeiten, welche die Netzwerke, über welche Nachrichten geteilt werden, in den Mittelpunkt stellen, kommen zumeist aus den Informationswissenschaften und betrachten bisher nahezu ausschließlich die Plattform Twitter. Ähnlich den Übernehmerkategorien der Diffusionstheorie (vgl. Kapitel 1.1.2) können für die Verbreitung von Inhalten auf Twitter zwei Typen von Akteur*innen differenziert werden: Zum einen Influencer*innen, welche den ursprünglichen Inhalt teilen, und zum anderen Spreader*innen, welche bereits geteilte Inhalte erneut teilen und damit weiterverbreiten (u.a., Chen et al., 2019). Zudem zeigt die Arbeit in diesem Bereich deutlich, dass die Verbreitung von Nachrichten innerhalb eines sozialen Netzwerks nie unabhängig von den Verbreitungsprozessen dieses Inhalts in anderen sozialen Netzwerken betrachtet werden darf, da sich Inhalte über mehrere soziale Netzwerke hinweg verbreiten (Jain et al., 2013; Kim et al., 2014; Myers et al., 2012). Jain et al. (2013) bezeichnen dies als „cross pollination". Sie können zeigen, dass sich der Prozess der

Verbreitung an der Logik der Zielplattform, d.h. desjenigen sozialen Netzwerks, in welches sich der Inhalt verbreitet, orientiert, und dass der Grad der Verbreitung in einem sozialen Netzwerk keine Vorhersagekraft für die Verbreitung dieses Inhalts in einem anderen sozialen Netzwerk hat. Gleichzeitig konnten Karnowski et al. (2018) zeigen, dass sich die Verbreitungslogik einzelner Nachrichtenartikel auf verschiedenen Social-Media-Plattformen unterscheidet.

5. Kritik

Die Diffusionsforschung konnte in den vergangenen Jahrzehnten eine Vielzahl von wichtigen und auch fruchtbaren Forschungsergebnissen hervorbringen, welche oftmals auch praktische Relevanz beispielsweise in der Entwicklungshilfe besitzen. Nichtsdestotrotz finden sich bis heute diverse Kritikpunkte an dieser Forschungstradition, denn die Weiterentwicklung der theoretischen Grundlagen trat in der Vergangenheit oftmals zugunsten anwendungsorientierter Forschungsarbeiten zurück. So konstatierte Katz (1999, S. 145): "There is an apparent paradox at work: the number of diffusion studies continues at a high rate while the growth of appropriate theory is at an apparent standstill."

5.1 Innovationspositivismus

Übersehen negativer Konsequenzen

Einer der Hauptkritikpunkte an der Diffusionsforschung ist der ihr zugrundeliegende Innovationspositivismus (vgl. Rogers & Shoemaker, 1972). Diffusionstheoretiker*innen gehen zunächst immer davon aus, dass eine vollständige und schnelle Ausbreitung einer Innovation wünschenswert ist und dass eine Zurückweisung oder Veränderung der Innovation durch die Übernehmer*innen negativ zu bewerten ist. Dieser Innovationspositivismus lässt sich von Beginn an deutlich sehen, wenn beispielsweise Ryan und Gross (1943, S. 16) in ihrer Studie zur Verbreitung von Hybridmais von der „diffusion of a rational technique" sprechen, obwohl damit das Aussterben kleinerer Farmen, ökologische Probleme, usw. zusammenhängen. Ryan und Gross (1943) übersehen somit systematisch negative Konsequenzen der Innovation und möglicherweise auch Gründe für die Ablehnung oder Veränderung einer Innovation durch die Nutzer*innen. Ähnliches zeigt sich auch bei Studien zur Verbreitung härterer Tomatensorten in Kalifornien, welche die negativen Konsequenzen dieser Innovation, wie beispielsweise den Verlust des Arbeitsplatzes für viele Farmarbeiter*innen und die Benachteiligung kleinerer Farmen, nicht bedenken (vgl. Hightower, 1973). Mit Blick auf die Verbreitung des Internets in Aserbaidschan zeigen Pearce und Kendzior (2012), dass auch die Verbreitung von Medieninnovationen nicht immer mit positiven Konsequenzen, insbesondere der Demokratieförderung, einhergeht, wie oftmals angenommen wird. Eine weitere Konsequenz des üblichen Innovationspositivismus der Diffusionsforschung ist, dass das Scheitern der Diffusion einer Innovation zumeist den einzelnen Individuen angelastet wird. Dabei wird häufig übersehen, welche Rolle soziale Randbedingungen auf die erfolgreiche Ausbreitung einer Innovation spielen (vgl. McMaster & Wastell, 2005; Melkote & Steeves, 2001).

> **Kernsätze**
>
> Der der Diffusionstheorie zugrundeliegende Innovationspositivismus versperrt den Forscher*innen oftmals den Blick auf negative Konsequenzen der Innovation, aber auch auf Gründe für die Zurückweisung oder Veränderung einer Innovation durch die Nutzer*innen.

Der Schlüssel zur Überwindung dieses Problems könnte in einer Änderung der klassischen Methodik der Diffusionsforschung liegen. Die üblichen Querschnittsstudien nach der erfolgreichen Verbreitung der Innovation in der Gesellschaft (vgl. Kapitel 3.1) bedingen es, eine erfolgreiche Innovation als Untersuchungsgegenstand auszuwählen. Eine Änderung dieser Vorgehensweise (vgl. auch Kapitel 3.4.1) in Richtung von Panelstudien bzw. mehreren zeitlich aufeinanderfolgenden Querschnittsstudien könnte helfen, dieses Problem zu überwinden (vgl. Rogers, 2003).

5.2 Einzelverschuldens-Bias

Neben dem Innovationspositivismus zeichnet sich die Diffusionstheorie noch durch einen zweiten Bias aus: Diffusionstheoretiker*innen sehen die Ursache eines Problems, welches sich durch die Übernahme einer positiven Innovation lösen lässt, oftmals beim einzelnen Individuum. Systemische Gründe für gesellschaftliche Probleme werden dahingegen regelmäßig übersehen (vgl. Havens & Flinn, 1975).

Individuum als Problemverursacher*in

Der Grund für diese verzerrte Wahrnehmung liegt in den Auftraggeber*innen, insbesondere denen der ersten großen Diffusionsstudien, begründet. So war die Studie von Ryan und Gross (1943) von der Iowa Agricultural Experiment Station finanziert worden. Die Studie von Coleman (1966) zur Verbreitung des Antibiotikums Tetracyclin geht auf die Initiative des Pharmakonzerns Pfizer zurück. In beiden Fällen hatten die Auftraggeber*innen ein vitales Interesse daran, die Übernahme ihrer Innovation durch den Einzelnen als Lösung des gesellschaftlichen Problems zu betrachten. Weitere Gründe für den Einzelverschuldens-Bias liegen in der Tatsache, dass Diffusionsforscher*innen sich oftmals der Lösung des einfacheren Problems annehmen, d.h. es ist leichter, Problemlösungen auf der Ebene des einzelnen Individuums zu identifizieren als auf der Ebene des gesamten sozialen Systems. Zudem ist auch die Durchführung von Forschungs-

Gründe

vorhaben auf dieser Mikroebene einfacher als auf der Makroebene sozialer Systeme (vgl. Rogers, 2003).

Diesem Bias wird heute insbesondere im Rahmen netzwerktheoretischer Diffusionsstudien begegnet, welche über die einzelne Adoptionsentscheidung hinaus die Vernetzungen der Übernehmer*innen in ihrem sozialen System mit in den Blick nehmen (vgl. u.a. Valente 2005, siehe auch Kapitel 3.4.2).

5.3 Dichotomie: Übernahme vs. Ablehnung einer Innovation

Binäre Adoptionsentscheidung

Wie in Kapitel 2.1 gezeigt, basiert die Diffusionsforschung auf einer Vielzahl von Forschungstraditionen. Everett M. Rogers grundlegende Konsolidierung dieser Forschungstraditionen zum sogenannten „traditional approach" der Diffusionsforschung (Dearing & Singhal, 2006, S. 39; vgl. Kapitel 2.2) ließ einige dieser ursprünglichen Gedanken zur Diffusion von Innovationen jedoch in den Hintergrund treten. Dies trifft insbesondere auf die Adoptionsentscheidung zu. Aufbauend auf der agrarsoziologischen Tradition der Diffusionsforschung unterscheidet Rogers (2003; vgl. Kapitel 1.1.1) zwischen der Übernahme und Ablehnung einer Innovation. Diese Abstraktion ermöglichte wertvolle Aussagen zum Diffusionsverlauf auf der Makro-Ebene, wie beispielsweise die bekannte S-Kurve (vgl. Kapitel 1.1.2). Zudem ermöglichte diese Reduktion auf eine binäre Adoptionsentscheidung die Verbindung zwischen Diffusionstheorie und anderen theoretischen Ansätzen wie beispielsweise der sozialen Netzwerkanalyse (vgl. Kapitel 3.4.2) oder der Theory of Planned Behavior (vgl. Kapitel 6.2; ausführlich dazu auch der Band von Rossmann, 2021 in dieser Reihe).

*Konstruktiver Anteil der Konsument*innen*

Demgegenüber steht jedoch die Tatsache, dass so über lange Jahre hinweg wichtige Faktoren und Randbedingungen im individuellen Übernahmeprozess systematisch ausgeblendet wurden (vgl. Karnowski et al., 2011). Lin (1998) schlägt daher vor, die Dichotomie zwischen Übernahme und Ablehnung um eine dritte Ausprägung der „wahrscheinlichen Übernahme" zu erweitern. Einen anderen Weg gehen Untersuchungen in der Tradition des auf das Konzept der Aneignung (vgl. de Certeau, 1988; Hall, 1980) aufbauenden Domestication-Ansatzes (vgl. Silverstone & Haddon, 1996; vgl. Kapitel 6.4; ausführlich dazu auch der Band von Hartmann, 2013 in dieser Reihe), welche die prozesshafte Institutionalisierung und Alltagsintegration von Neuerungen in den Blick nehmen. Diese Untersuchungen betonen den konstruktiven Anteil der Konsument*innen am Endprodukt ohne den Anteil der Produzent*innen zu vernachlässigen. Sie lenken damit die Aufmerksamkeit auf den Prozess des kommunikativen Aushandelns von Nutzungs- und Bedeutungsmustern zwischen Konsument*innen und Hersteller*innen, aber auch zwischen den Konsument*innen untereinander (vgl. u.a. Frissen, 2000; Habib & Cornford, 2002; Ling et al., 1999). Das Aneignungskonzept der Cultural Studies kann damit als Gegenentwurf zur Diffusionsforschung verstanden werden obwohl zwischen den von Silverstone und Haddon (1996) beschriebenen Dimensionen des Konsums und den Phasen von Rogers Innovations-Entscheidungs-Prozess durchaus Ähnlichkeiten bestehen. Aus empirisch-analytischer Sicht ist jedoch im Gegensatz zur Diffusionsforschung das Fehlen klarer Aussagen zur Modellierung der zu untersuchenden Prozesse zu konstatieren. Eine Integration beider Sichtweisen versucht das Mobile-Phone-Appropriation-Modell (Wirth et al., 2008; vgl. auch Kapitel 6.5).

5.4 Linearer Diffusionsverlauf

Wie in Kapitel 2.2 beschrieben, fand Rogers in der damals neuen Kommunikationswissenschaft eine intellektuelle Heimat für die Diffusionstheorie. Dearing und Singhal (2006, S. 20) halten fest, dass deren Vorteil damals insbesondere auch in ihrer geringen theoretischen Komplexität lag, die es einem neuen Forschungsfeld leicht machte, sich zu entwickeln. Die theoretische Hauptleistung, die Rogers vonseiten der Kommunikationswissenschaft in die Diffusionstheorie integrierte, war die bekannte Lasswell-Formel (Lasswell, 1948; vgl. auch Kapitel 2.2). Dies ermöglichte eine lose Strukturierung und Integration einer Vielzahl unterschiedlichster Forschungsarbeiten und Ergebnisse. Gleichzeitig festigte sich so auch eine strikt lineare Sichtweise der Verbreitung von Innovationen.

Während die Kommunikationswissenschaft in der Folge verschiedenste Theorien und Modelle entwickeln konnte, die den Rezipient*innen eine aktive Rolle zuweisen und die Nachricht als Objekt des Aushandelns zwischen Sender*innen und Empfänger*innen begreifen (vgl. u.a. Hall, 1980; Katz et al., 1974), konnte die Diffusionstheorie diesen Schritt bisher kaum vollziehen. Bis heute herrscht ein lineares Verständnis des Diffusionsverlaufs von Erfinder*innen bis zu späten Übernehmer*innen vor, welches auch einen statischen Innovationsbegriff und eine rein passive Rolle der Übernehmer*innen beinhaltet, die nur zwischen Übernahme und Ablehnung wählen können (vgl. Karnowski et al., 2006, 2011).

Statischer Innovationsbegriff

5.5 Induktiver Erkenntnisgewinn

Dem Großteil der Erkenntnisse der Diffusionstheorie liegt die Metaanalyse von Rogers und Shoemaker (1972) zugrunde. Diese Meta-

Vernachlässigung der Operationalisierungen

analyse hat jedoch zwei große Mängel: Zum einen gestalteten Rogers und Shoemaker ihre Untersuchung im Sinne einer Abstimmung zwischen den ihnen vorliegenden Studien. Diejenige Aussage, die vom größeren Prozentsatz an Diffusionsstudien unterstützt wurde, wurde übernommen. Dabei nahmen die Autoren weder Rücksicht auf die Stichproben- oder Effektgröße, noch auf die jeweiligen Operationalisierungen der einzelnen Konstrukte (vgl. Downs & Mohr, 1976). Rogers (1983) sah diese Unterstützung eines Zusammenhangs jedoch als eine Art von Validität an und bestand darauf, dass eine derart erzielte Zustimmung von 70% als zufriedenstellende Validität zu werten ist. Aus Sicht des kritischen Rationalismus ist diese Vorgehensweise als problematisch zu betrachten. Stellt sich heraus, dass ein Zusammenhang eben nicht für alle Innovationen zutrifft, so muss dieser Zusammenhang überarbeitet oder in seinem Geltungsbereich eingeschränkt und erneut getestet werden (vgl. von Pape, 2009).

5.6 KAP-Gap

Die Diffusionsforschung geht, Rogers Innovations-Entscheidungs-Prozess (vgl. Kapitel 1.1.1) folgend, davon aus, dass eine positive Einstellung zu einem Verhalten auch zu diesem Verhalten führt. Diese Überlegungen finden sich in ähnlicher Form auch bei der Theory of Planned Behavior (vgl. Kapitel 6.1) wieder: Wissen (*Knowledge*), und Einstellung (*Attitude*) ziehen auch ein entsprechendes Verhalten (Adoption of *Practice*) nach sich. Zahlreiche Untersuchungen konnten jedoch belegen, dass dies nicht zwingend der Fall ist (vgl. u.a. Rogers et al., 1999). Diese Diskrepanz wird als KAP-Gap bezeichnet. Ein KAP-Gap findet sich besonders häufig bei der Übernahme präventiver Innovationen, d.h. Innovationen, die dazu dienen, das mögliche Eintreten unerwünschter Ereignisse, wie beispielsweise einer HIV-Infektion, zu verhindern (vgl. Singhal & Rogers, 2003).

6. Verwandte Ansätze

Wie bereits mehrfach angesprochen, sind echte theoretische und methodische Weiterentwicklungen in der Diffusionstheorie rar. Folglich sollen in diesem Kapitel verschiedene theoretische Ansätze kurz vorgestellt werden, welche sich aus einem anderen Blickwinkel mit der Übernahme von Innovationen beschäftigen.

6.1 Theory of Planned Behavior

Die aus der Theory of Reasoned Action (Fishbein & Ajzen, 1975) hervorgegangene *Theory of Planned Behavior* (TPB) (Ajzen, 1985) erklärt das Verhalten aus der Perspektive des Handelnden (vgl. ausführlich den Band von Rossmann, 2021 in dieser Reihe). Sie berücksichtigt dabei den Einfluss sozialer Normen auf (Adoptions-) Entscheidungen, indem sie Verhalten nicht nur auf die eigene Einstellung gegenüber dem fraglichen Verhalten, sondern auch auf eine subjektive Norm dieses Verhalten betreffend und die wahrgenommene Verhaltenskontrolle zurückführt (vgl. Schaubild 12).

Modell

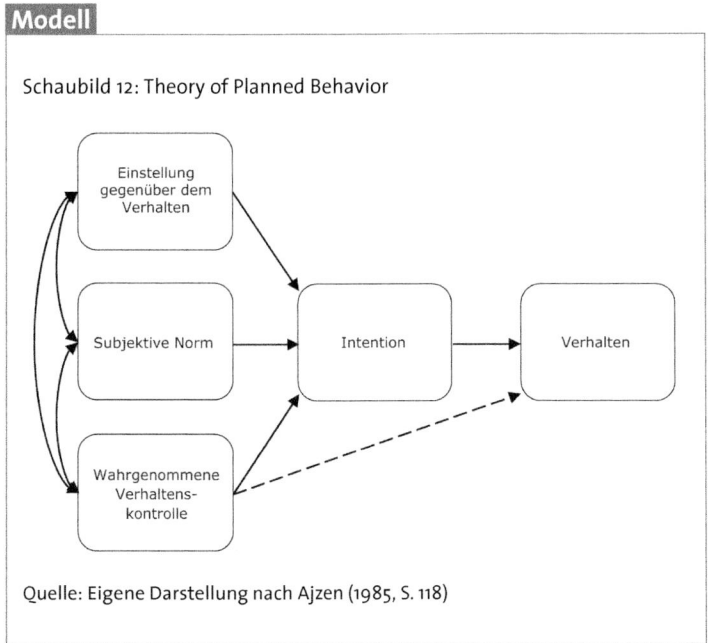

Schaubild 12: Theory of Planned Behavior

Quelle: Eigene Darstellung nach Ajzen (1985, S. 118)

Die *Einstellung gegenüber dem Verhalten* setzt sich aus zwei interagierenden Komponenten zusammen: den Erwartungen des Individuums, welche Konsequenzen das fragliche Verhalten mit sich bringt, sowie den positiven bzw. negativen Bewertungen der Konsequenzen des jeweiligen Verhaltens (vgl. Ajzen, 2005).

Subjektive Norm — Die *subjektive Norm* bezeichnet die Einschätzungen des Individuums bezüglich des sozialen Drucks, das Verhalten auszuführen oder nicht auszuführen. Auch die soziale Norm setzt sich aus zwei interagierenden Komponenten zusammen: zum einen aus den Einschätzungen des Individuums darüber, welches Verhalten andere, aus Sicht des Individuums relevante Personen von ihm erwarten, zum anderen aus den jeweils mit diesen Einschätzungen verbundenen Bewertungen der entsprechenden Wünsche anderer (vgl. ebd.).

Wahrgenommene Verhaltenskontrolle — Die *wahrgenommene Verhaltenskontrolle* bezeichnet das Ausmaß, in dem sich das Individuum in der Lage fühlt, das Verhalten auszuführen. Auch dieser Aspekt besteht aus zwei Komponenten: Zum einen stellt sich die Frage, inwieweit das Individuum selbst entscheiden kann, ob ein entsprechendes Verhalten ausgeführt wird. Zum anderen geht es hier darum, inwieweit sich das Individuum in der Lage fühlt, dieses Verhalten auszuüben. Damit sind die Kontrollüberzeugungen bezüglich der situationalen, aber auch der internalen Faktoren angesprochen (vgl. ebd.).

Die TPB stellt eine vielfach und in den verschiedensten Bereichen erprobte Theorie dar. Im Bereich der Übernahme von Medieninnovationen wurde sie u.a. auf die Adoption von Fitnesstrackern (Clubbs et al., 2021), E-Government-Diensten (Zahid et al.) sowie Mobilfunk und Online-Kommunikation (Schenk et al., 1996), angewandt.

6.2 Uses-and-Gratifications-Approach

Diese auf Studien aus den 1940er-Jahren zurückgehende (vgl. u.a. Herzog, 1944) Forschungstradition fragt nach den Motiven der Mediennutzung. Sie beschäftigt sich dabei mit „(1) the social and psychological origins of (2) needs, which generate (3) expectations of (4) the mass media or other sources which lead to (5) differential patterns of media exposure (or engagement in other activities), resulting in (6) need gratifications and (7) other consequences, perhaps mostly unintended ones" (Katz et al., 1974, S. 20).

Expectancy-Value-Approach — Eine wichtige Weiterentwicklung des klassischen Uses-and-Gratifications-Approach stellt der ebenso wie die Theory of Planned Behavior (vgl. Kapitel 5.1) auf der Theory of Reasoned Action (Fishbein & Ajzen, 1975) beruhende *Expectancy-Value-Approach* (Palmgreen & Rayburn, 1985) dar. Dieser unterscheidet zwischen gesuchten und erhaltenen Gratifikationen. Dabei schlagen sich die jeweils erhaltenen Gratifikationen wiederum in den gesuchten Gratifikationen zukünftiger Mediennutzungssituationen nieder und beeinflussen somit das zukünftige Verhalten der Rezipient*innen (vgl. Schaubild 13).

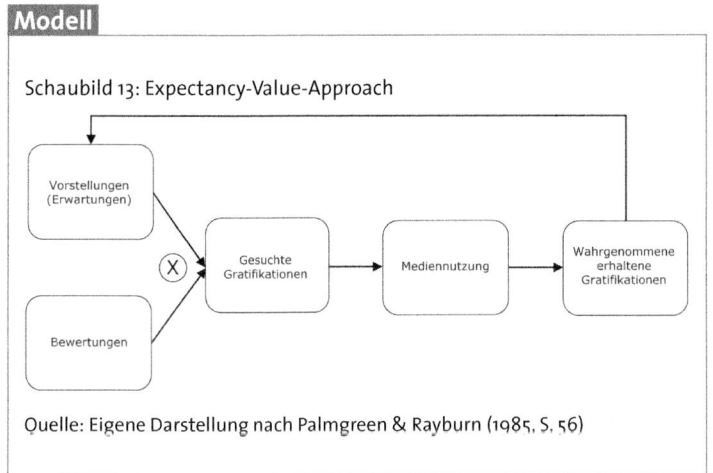

Schaubild 13: Expectancy-Value-Approach

Quelle: Eigene Darstellung nach Palmgreen & Rayburn (1985, S. 56)

Der Uses-and-Gratifications-Approach wurde in der jüngeren Vergangenheit häufig neben der Diffusionstheorie als weitere Erklärung für Übernahmeentscheidungen herangezogen (vgl. auch Kapitel 4.3). So findet beispielsweise Lin (2001) bei der Untersuchung von Online-Services erwartete kognitive und affektive Gratifikationen als stärkste Prädiktoren der Übernahmeentscheidung, für die Übernahme von WeChat zeigen sich die Gratifikationen Unterhaltung und Kontaktpflege als wichtige Einflussfaktoren (Cui & Guangsheng, 2018).

Ein weiterer Ansatz zur Verbindung beider Theorien besteht darin, die entscheidenden Faktoren der Übernahme stärker aus der Nutzerperspektive zu betrachten. So versuchen Scherer und Berens (1998), die Motive und Bedürfnisse der Nutzer*innen mit den Konzepten der Uses-and-Gratifications zu erfassen und damit die letztlich Übernahme-entscheidende Frage „Brauche ich das?" aus der Perspektive der Nutzer*innen realistischer zu beantworten. Sie ziehen auf Seiten der Uses-and-Gratifications-Forschung den Expectancy-Value-Approach (Palmgreen & Rayburn, 1985) heran, auf Seiten der Diffusionsforschung den Innovations-Entscheidungs-Prozess (vgl. Kapitel 1.1.1). So betrachten sie die selektive Zuwendung zu Medienangeboten als Adoption. *Wissen* als erste Phase des Entscheidungsprozesses bildet nun die Voraussetzung für bestimmte Erwartungen hinsichtlich der Innovation. *Überzeugung* und *Entscheidung* für eine Adoption erklären sich wiederum durch den Expectancy-Value-Approach. Die *Be-*

Integration

stätigung der Adoption schließlich wirkt in Form von Erfahrung auf zukünftige Entscheidungsprozesse.

6.3 Technology Acceptance Model

Das ebenfalls auf die Theory of Reasoned Action aufbauende *Technology Acceptance Modell* (TAM) (Davis, 1986) und seine Weiterentwicklungen (Hubona & Burton-Jones, 2003; Pedersen & Nysveen, 2003; Vishwanath & Goldhaber, 2003) erklären Verhalten ebenfalls aus der eigenen Einstellung gegenüber diesem Verhalten (vgl. Schaubild 14).

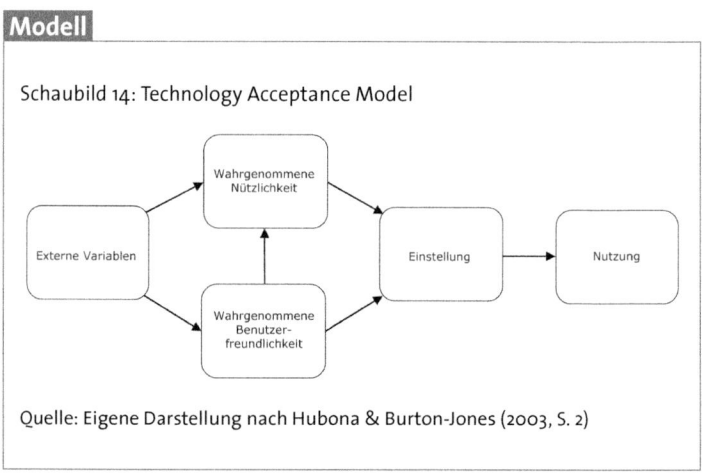

Schaubild 14: Technology Acceptance Model

Quelle: Eigene Darstellung nach Hubona & Burton-Jones (2003, S. 2)

Im Gegensatz zum TPB stehen hier jedoch die beiden Eigenschaften wahrgenommene Benutzerfreundlichkeit (ease of use) und wahrgenommene Nützlichkeit (usefulness) der fraglichen Technologie im Mittelpunkt. Diese beiden Faktoren können als Äquivalent bzw. als das exakte Gegenteil zu den beiden von Rogers (2003) genannten Eigenschaften der Innovation relativer Vorteil und Komplexität angesehen werden (vgl. u.a. Moore & Benbasat, 1991). Eine Viezahl an Studien und Metaanalysen zur Übernahme von Medieninnovationen haben den Einfluss dieser Faktoren auf die Übernahmeentscheidung bestätigt (vgl. u.a. Nikou, 2019; Rigopoulou et al., 2017; Venkatesh et al., 2003; Vishwanath et al., 2009; Zhao et al. 2018).

6.4 Aneignungsforschung und Domestication

Alltagsintegration

Die Aneignungsforschung geht über die Frage der Übernahme einer Innovation hinaus und postuliert, dass sich die Konsument*innen durch ihre Alltagspraktiken Produkte aneignen, indem sie diese anders nutzen als von den Produzent*innen vorgesehen (vgl. Hall,

1980). In empirischen Arbeiten, die an Halls Theorie anknüpfen, wurde insbesondere die Bedeutung der kommunikativen Aneignung von Inhalten durch Gespräche unter den Rezipient*innen hervorgehoben (vgl. Brown, 1994; Hepp, 1998; Holly, 1993). Silverstone und Haddon (1996) greifen die Opposition zwischen Produktion und Konsum auf und beziehen sie in ihrem *Domestication-Ansatz* auf die Übernahme neuer Informations- und Kommunikationstechnologien in den Haushalt (vgl. u.a. Habib & Cornford, 2002; Lehtonen, 2003; Oksman & Turtiainen, 2004; Quandt & von Pape, 2010; ausführlich dazu der Band von Hartmann, 2013 in dieser Reihe). Sie erarbeiten dabei – ohne Verweis auf den Innovations-Entscheidungs-Prozess (vgl. Kapitel 1.1.1) – einen prozessualen Begriff von Aneignung, der sich über drei Dimensionen vollzieht:

In der ersten Dimension, der *Commodification*, macht sich die potenzielle Nutzer*in unter dem Einfluss von anderen Nutzer*innen, Werbung und Massenmedien ein Bild von der Innovation. Die zweite Dimension ist die Aneignung (*Appropriation*). Sie vollzieht sich in räumlicher Hinsicht (*Objectification*) – etwa durch die Positionierung des Fernsehers im Wohnzimmer – und in zeitlicher Hinsicht (*Incorporation*) – durch Einbindung der Innovation in die bestehenden Gewohnheiten. *Conversion* als dritte Dimension ist die Selbstdarstellung mit dem neuen Objekt nach außen.

6.5 Mobile Phone Appropriation Modell

Das ebenfalls auf die Diffusionsforschung aufbauende MPA-Modell (Wirth et al., 2008) versucht, die einfache Dichotomie zwischen Annahme und Ablehnung einer Innovation aufzubrechen. Hierfür zieht es zusätzlich zu den Befunden der Diffusionsforschung Ideen aus der Aneignungsforschung (vgl. Kapitel 6.4) heran.

Ausgangspunkt des hinsichtlich der Innovation Mobilkommunikation entwickelten, jedoch prinzipiell auch auf andere Innovationen übertragbaren MPA-Modells ist die Theory of Planned Behavior (vgl. Kapitel 6.1.) als ein etablierter Ansatz zur Erklärung individuellen Verhaltens. Das MPA-Modell differenziert die TPB jedoch in mehreren Hinsichten noch weiter aus (vgl. Wirth et al., 2008).

Zum einen erweitert das MPA-Modell das Verhalten der Übernehmer*innen über die einfache Dichotomie zwischen Übernahme und Zurückweisung hinaus. ‚Endpunkt' der Aneignung ist im MPA-Modell ein mehrdimensionaler Nutzungsbegriff. Dabei wird grundsätzlich zwischen funktionalen und objektbezogenen Nutzungsaspekten unterschieden. Objektbezogene Nutzungsaspekte beziehen sich auf die konkreten technischen Optionen, die den Nutzer*innen zur Ver-

Mehrdimensionaler Nutzungsbegriff

fügung stehen, wie SMS, Telefonie, verschiedenste Apps etc. Der funktionale Aspekt der Nutzung differenziert sich weiter in pragmatische und symbolische Nutzungsaspekte. Die pragmatischen Nutzungsaspekte entsprechen den aus dem Uses-and-Gratifications-Approach (vgl. Kapitel 6.2) bekannten Nutzungsmotiven einer Innovation. Der symbolische Aspekt wird in Anlehnung an Mead und Morris (2008, englische Erstauflage 1934) differenziert in die symbolische und funktionale Nutzung in Hinblick auf die psychologische Identität („Welchen Wert hat die Nutzung der Innovation für mein Selbst?") und die soziale Identität („Welchen Wert hat die Nutzung der Innovation für mich in meinem sozialen Umfeld?").

Einstellung gegenüber dem Verhalten

Zweitens werden auch die laut TPB das Verhalten beeinflussenden Faktoren (Einstellung gegenüber dem Verhalten, Normen und Verhaltenskontrolle) weiter unterteilt. Um der Ausdifferenzierung auf Seiten der abhängigen Variablen gerecht zu werden, müssen auch diese unabhängigen Variablen weiter ausdifferenziert werden. In diesem Sinne wird die Einstellung gegenüber dem Verhalten entsprechend den beschriebenen Nutzungsaspekten und -dimensionen unterschieden. Im Gegensatz zur tatsächlichen Nutzung sind diese Einstellungen nicht mit konkreten Alltagsszenarien verbunden, sondern auf einer höheren Abstraktionsebene angesiedelt. Die normenbezogenen Einstellungen stellen das Produkt der wahrgenommenen Normen in Hinblick auf die Handynutzung und die Bereitschaft, diesen Normen zu entsprechen, dar. Die Normen können sich sowohl auf die objektorientierte, als auch auf die funktionale Nutzung beziehen. Schließlich beziehen sich die Einstellungen zur Verhaltenskontrolle auf spezifische (zeitliche, kognitive, finanzielle und technische) Restriktionen in der Handy-Nutzung. Diese Restriktionen wirken sich in erster Linie auf die objektbezogene Nutzung aus und erst über diese auch auf die funktionale Nutzung.

Metakommunikation

Basierend auf einer Vielzahl an Studien aus der Tradition des Aneignungsparadigmas (vgl. u.a. Bijker & Pinch, 1984; Höflich, 2003; Silverstone & Haddon, 1996; Weilenmann, 2001), integrieren Wirth et al. (2008) drittens das Konzept der Metakommunikation in ihr Modell. Metakommunikation ist das Forum, in dem Nutzer*innen und Hersteller*innen einer Innovation mögliche Formen der Aneignung diskutieren und versuchen, sich gegenseitig von ihren Standpunkten zu überzeugen. Gleichfalls werden mittels Metakommunikation Nutzungsnormen und die soziale Bedeutung der Nutzung ausgehandelt. Zwischen einzelnen Nutzer*innen und Nutzergruppen finden diese Prozesse durch interpersonale Kommunikation sowie die

Beobachtung und Bewertung des Handelns anderer statt. Auf massenmedialer Ebene zählen dazu auch Werbung, Product Placement oder Verhaltensmodelle in massenmedialen Inhalten (vgl. Karnowski, 2008).

Schließlich modellieren Wirth et al. (2008) den Prozess der Aneignung zirkulär: Wenn eine Nutzer*in eine Innovation auf eine bestimmte Weise zum ersten Mal einsetzt, wird sie nicht für immer bei dieser Nutzungsweise bleiben. Sie wird vielmehr mit anderen über deren Reaktion und deren eigene Nutzung derselben Innovation sprechen, und sie wird auch die medienvermittelte Metakommunikation zu dem Thema wahrnehmen, welche auf andere Nutzer*innen wie sie Bezug nimmt. Auf dieser Basis wird sie ihre funktionale und normative Einstellung zur Nutzung sowie ihre Kontrolleinschätzung vielleicht überdenken und auch andere Nutzungsformen entwickeln oder übernehmen, welche dann wiederum neue Metakommunikation nach sich ziehen.

Zirkulärer Prozess

Modell

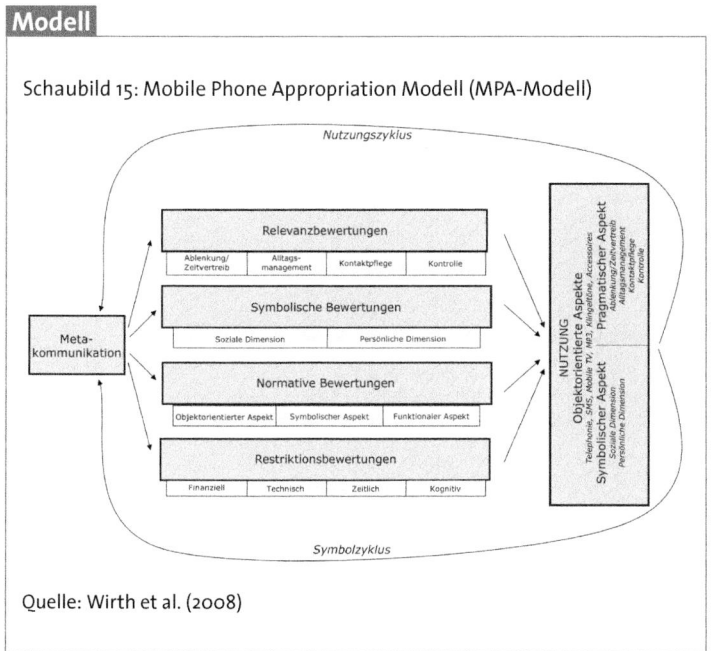

Schaubild 15: Mobile Phone Appropriation Modell (MPA-Modell)

Quelle: Wirth et al. (2008)

Am eingangs erwähnten Beispiel der Übernahme von XR-Brillen erläutert, besagt das Modell somit Folgendes: Eine Gruppe von Freund*innen spricht über XR-Brillen. Dabei werden verschiedenen Aspekte angesprochen, wie z.B., dass es sich um einen netten Zeitvertreib handelt, dass man es gerne nutzt, dass es einen stört, wenn die Partner*in mit einer XR-Brille Computerspiele spielt, oder dass man einfach keine Zeit hat, auch noch diese Spielerei auszuprobieren (à interpersonale Metakommunikation). Gleichzeitig kann unser Individuum auch andere Menschen bei der Nutzung einer XR-Brille beobachten, beispielsweise bei Freund*innen (à Beobachtung), oder es sieht vielleicht auch einen Werbespot eines Anbieters von XR-Brillen, der für sein aktuelles Produkt wirbt (à medienvermittelte Metakommunikation). Aus diesen Eindrücken und seinen eigenen Vorerfahrungen heraus (à zirkuläre Struktur des Modells) bildet das Individuum nun seine eigene Einstellung zur Nutzung von XR-Brillen. So könnte es entscheiden, dass eine XR-Brille für ein intensiveres Spieleerlebem wichtig ist (à Relevanzbewertungen), dass es auch für seinen sozialen Status innerhalb seiner Freundesgruppe wichtig ist, diese Innovation zu übernehmen (à symbolische Bewertungen), dass seine Familie es aber vielleicht nicht schätzt, wenn es in ihrem Beisein eine XR-Brille nutzt (à Normen), und dass es für das Individuum eigentlich zu teuer ist, sich eine XR-Brille zu kaufen (à Restriktionen). Aus diesen Einstellungen und Bewertungen heraus entwickelt das Individuum dann sein ganz individuelles Nutzungsmuster einer XR-Brille. So könnte es die XR-Brille beispielsweise zwar für Computerspiele nutzen, jedoch nicht dann, wenn es sich im Kreis seine Familie befindet, da diese die Nutzung ablehnt (à Nutzung in ihren verschiedenen Dimensionen). All diese Nutzungserfahrungen fließen wieder neu in seine Metakommunikation und seine Einstellungen und Bewertungen ein (à Symbol- und Nutzungszyklus).

6.6 Bass-Modell

Innovatoren vs. Imitatoren

Große Verbreitung insbesondere in den Wirtschaftswissenschaften erfuhr das Bass-Modell (Bass, 1969; Metaanalysen wirtschaftswissenschaftlicher Untersuchungen auf Basis des Bass-Modells finden sich bei Farley et al., 1995 und Sultan et al., 1990). Dieses Modell geht davon aus, dass potenzielle Übernehmer*innen durch Informationen aus zwei unterschiedlichen Kommunikationskanälen beeinflusst werden: zum einen aus den Massenmedien und zum anderen durch interpersonale Kommunikation[4]. Durch Massenmedien überzeugte *Innovatoren* übernehmen eine Innovation aufgrund ihrer Produkteigenschaften, durch interpersonale Kommunikationskanäle überzeugte *Imitatoren* hingegen übernehmen Innovationen aufgrund des durch die steigende Marktdurchdringung entstehenden sozialen Drucks.

---

[4] Insbesondere im Kontext der Wirtschaftswissenschaften wird interpersonale Kommunikation häufig auch als "word of mouth" bezeichnet.

6. Verwandte Ansätze

Die als Innovationsphänomen bezeichnete Überzeugung durch Massenmedien wird dabei als konstant über den ganzen Diffusionsverlauf hinweg angenommen, während die Imitation über den Diffusionsprozess hinweg variiert. Übernahmen auf Basis interpersonaler Kommunikation nehmen über die erste Hälfte des Diffusionsprozesses hinweg kontinuierlich zu, während sie in der zweiten Hälfte kontinuierlich abnehmen. Betrachtet man Innovations- und Imitationsphänomene gemeinsam im Zeitverlauf, ergibt sich auch hier die charakteristische Glockenkurve (bzw. auf kumulierter Basis die S-Kurve) der Diffusion (vgl. auch Kapitel 1.1.2).

Die besondere Stärke des Bass-Modells, welche zu seiner weiten Verbreitung in den Wirtschaftswissenschaften und besonders im Marketing führte, ist, dass es den Diffusionsverlauf mathematisch ausdrücken kann und so auch Prognosen des Diffusionsverlaufs einer Innovation zulässt. Damit ist es zur Modellierung und Prognose von Absatzentwicklungen auch bei Medieninnovationen der klassischen Diffusionstheorie vorzuziehen (vgl. Kolo, 2010).

Prognosekraft

Anekdoten

Prognose der Absatzentwicklung für Farbfernseher

„*Ich [F. M. Bass] entschloss mich, mein Glück bei der Vorhersage der Absatzentwicklung für Farbfernseher zu versuchen, welche zu Beginn der 1960er-Jahre kräftig angezogen hatte. Selbstverständlich würde eine Schätzung mit drei Parametern und drei Beobachtungen nicht reliabel sein. Nichtsdestotrotz entwickelte ich eine Methode, um die nicht reliablen Parameterschätzungen in etwas zu überführen, das nach plausiblen Schätzungen aussah. Ergebnis dessen war die Schätzung, dass der Absatz von Farbfernsehern 1968 mit etwa 6,7 Millionen Geräten seine Spitze erreichen würde. 1966 schrieb ich ein Arbeitspapier, welches u.a. diese Vorhersage enthielt. [...] Dieses Arbeitspapier verbreitete sich relativ weit und führte zu einigen teilweise überaus verärgerten Briefen und Anrufen von Wall Street Analysten und Wirtschaftsvertretern. Die Vorhersagen der Industrie waren deutlich optimistischer als meine und man hätte erwarten können, dass meine Vorhersage nicht gut aufgenommen werden würde. Wie sich dann zeigte, erreichte der Absatz von Farbfernsehern 1968, auf etwas geringerem Niveau als von mir angenommen, seine Spitze. Von der Industrie waren jedoch Produktionskapazitäten für 14 Millionen Farbfernseher aufgebaut worden, was zu tiefgreifenden wirtschaftlichen Verwerfungen infolge des starken Absatzrückgangs nach der Spitze von 1968 führte.*" (Bass, 2004, S. 1834)

6. Verwandte Ansätze

Das Ursprungsmodell von Bass (1969) wurde im Laufe der 1970er- bis 1990er-Jahre vielfach verfeinert und um verschiedenste Details ergänzt (vgl. u.a. Bass et al., 1994; Easingwood et al., 1983; Mahajan et al., 2000; Norton & Bass, 1987; Robinson & Lakhani, 1975), um die Prognosekraft des Modells in unterschiedlichsten Szenarien bzw. unter verschiedenen Randbedingungen zu erhöhen.

7. "Top Ten" der Forschungsliteratur

Rogers, E. M. (2003). Diffusion of innovations (5. Aufl.). New York: Free Press.

Die fünfte und letzte Auflage des Hauptwerks des 2004 verstorbenen bekanntesten Diffusionstheoretikers Everett M. Rogers ist das Standardwerk der Diffusionsforschung.

Ryan, B. & Gross, N. C. (1943). The Diffusion of Hybrid Seed Corn In Two Iowa Communities. Rural Sociology, 8(1), 15–24.

Die Pionierstudie der beiden Agrarsoziologen Bryce Ryan und Neal C. Gross zur Verbreitung von Hybridmais in Iowa prägt und beeinflusst die Diffusionsforschung bis heute.

Meyer, G. (2004). Diffusion Methodology: Time to Innovate? Journal of Health Communication, 9(Supp 1), 59–69.

Dieser Aufsatz fasst die gängige methodische Kritik an der Diffusionsforschung prägnant zusammen und macht zahlreiche Vorschläge für methodische Innovationen in der Diffusionsforschung.

Rice, R. E. (2017). Intermediality and the Diffusion of Innovations. Human Communication Research, 43(4), 531–544.

In diesem Essay setzt sich Ronald E. Rice mit dem Verschwimmen der Grenzen zwischen interpersonaler und Massenkommunikation auseinander. Dieses von ihm als Intermediality bezeichnete Verschwimmen wird sowohl mit Blick auf Medieninnovation als Objekt der Diffusionsforschung als auch hinsichtlich der Relevanz von Kommunikation im Diffusionsprozess beleuchtet.

Greenberg, B. (1964 a). Person to person communication in the diffusion of news events. Journalism Quarterly, 41(4), 498-494.

In einer Metaanalyse der Verbreitung von 18 Nachrichtenereignissen identifiziert Greenberg drei Typen von Nachrichtenereignissen, abhängig von ihrer Wichtigkeit und dem Grad ihrer Verbreitung. Diese lösen jeweils unterschiedliche Diffusionsprozesse aus.

Coleman, J., Katz, E. & Menzel, H. (1957). The Diffusion of an Innovation among Physicians. Sociometry, 20(4), 253–270.

Diese Studie zur Diffusion des Antibiotikums Tetracyclin stellt die erste systematische Untersuchung von sozialen Netzwerken dar. Gleichzeitig ist diese Studie dabei auch heute noch methodisch (Analyse der von den Ärzten ausgestellten Rezepte in Ergänzung zur retrospektiven Befragung) innovativ.

Rogers, E. M, Vaughan, P. W., Swalehe, R. M. A., Rao, N., Svenkerud, P. & Sood, S. **(1999)**. Effects of an Entertainment-education Radio Soap Opera on Family Planning Behavior in Tanzania. Studies in Family Planning, 30(3), 193–211.

Diese Studie zur Unterstützung der Implementierung der Geburtenkontrolle in Tansania mittels einer Radiosendung ist eine der wenigen Studien, die ein quasi-experimentelles Design verfolgt und daher Aussagen über Kausalzusammenhänge zulässt.

Charters, W. W, Jr. & Pellegrin, R. J. **(1973)**. Barriers to the Innovation Process: Four Case Studies of Differentiated Staffing. Educational Administration Quarterly, 9(1), 3–14.

In ihrer Untersuchung zur Übernahme des 'differentiated staffing' an vier Schulen, stellen Charters und Pellegrin die aktive Anpassung dieses Konzepts an die Gegebenheiten der jeweiligen Schule in den Vordergrund. Die Untersuchung ist damit der Ursprung des Konzepts der Re-Invention.

Singhal, A. & Dearing, J. W. (Hrsg.) **(2006)**. Communication of Innovations: A Journey with Ev Rogers. New Dehli, Thousand Oaks, London: SAGE.

Dieser Sammelband in Gedenken an Everett M. Rogers bietet nicht nur einen Überblick über die wichtigsten Bereiche der Diffusionstheorie, sondern ist auch aufgrund der zahlreichen Anekdoten überaus amüsant zu lesen.

Emmer, M., Kuhlmann, C., Vowe, G. & Wolling, J. **(2002)**. Der 11. September – Informationsverbreitung, Medienwahl, Anschlusskommunikation. Media Perspektiven, Heft 4, 166-177.

Die Untersuchung von Emmer, Kuhlmann, Vowe und Wolling zur Verbreitung der Nachricht von den Terroranschlägen vom 11. September 2001 in Deutschland konnte die rasante Verbreitungsgeschwindigkeit derartiger Ereignisse bestätigen. Auch 2001 zeigte sich die hohe Bedeutung von TV und Radio bei der Verbreitung derartiger Nachrichten. Das Internet spielte bei der Verbreitung der Nachricht eine untergeordnete Rolle.

Literatur

Adams, J. B., Mullen, J. J. & Wilson, H. M. (1969). Diffusion of a 'Minor' News Event. *Journalism Quarterly, 46*(3), 545–551.

Agarwal, R. & Prasad, J. (1998). The Antecedents and Consequents of User Perceptions in Information Technology Adoption. *Decision Support Systems, 22*(1), 15–29.

Ahmad, S. Z., Ahmad, N. & Abu Bakar, A. R. (2018). Reflections of Entrepreneurs of Small and Medium-Sized Enterprises Concerning the Adoption of Social Media and its Impact on Performance Outcomes: Evidence from the UAE. *Telematics & Informatics, 35*(1), 6–17.

Ajzen, I. (1985). From Intentions to Actions: A Theory of Planned Behavior. In J. Kuhl & J. Beckmann (Hrsg.), *Springer Series in Social Psychology: Action Control. From Cognition to Behavior* (S. 11–39). Springer.

Ajzen, I. (2005). *Attitudes, Personality and Behavior* (2. Aufl.). Open University Press.

Allen, I. L. & Colfax, J. D. (1968). The Diffusion of News of LBJ's March 31 Decision. *Journalism Quarterly, 45*(2), 321–324.

Andriessen, J. H. E. (1994). Conditions for Successful Adoption and Implementation of Telematics in User Organizations. In J. H. E. Andriessen (Hsrg.), *Telematics and Work* (S. 411–439). Erlbaum.

Asrani, C. & Kar, A. K. (2022). Diffusion and Adoption of Digital Communications Services in India. *Information Technology for Development, 28*(3), 488–510.

Backhaus, K., Erichson, B., & Weiber, R. (2015). *Fortgeschrittene Multivariate Analysemethoden: Eine anwendungsorientierte Einführung*. Springer.

Bachmann, I. & Gil de Zúñiga, H. (2013). News Platform Preference as a Predictor of Political and Civic Participation. *Convergence: The International Journal of Research into New Media Technologies, 19*(4), 496–512.

Bakshy, E., Hofman, J. M., Mason, W. A. & Watts, D. J. (2011). Everyone's an Influencer: Quantifying Influence on Twitter. In *Proceedings of the Fourth ACM International Conference on Web Search and Data Mining* (S. 65–74). ACM.

Bakshy, E., Rosenn, I., Marlow, C. & Adamic, L. (2012). The Role of Social Networks in Information Diffusion. In *Proceedings of the*

21st International Conference on World Wide Web (S. 519–528). ACM.

Bardini, T. (1994). A Translation Analysis of the Green Revolution in Bali. *Science Technology Human Values, 19*(2), 152–168.

Barrett, A. K., & Stephens, Keri. K. (2017). Making Electronic Health Records (EHRs) Work: Informal Talk and Workarounds in Healthcare Organizations. *Health Communication, 32*(8), 1004–1013.

Bass, F. M. (1969). A New Product Growth Model for Consumer Durables. *Management Science, 15*(5), 215-227.

Bass, F. M. (2004). Comments on "A New Product Growth for Model Consumer Durables": The Bass Model. *Management Science, 50*(12), 1833-1840.

Bass, F. M., Krishnan, T. V. & Jain, D. C. (1994). Why the Bass Model fits without Decision Variables. *Marketing Science, 13*(3), 203-223.

Bauer, R. (2006). *Gescheiterte Innovationen*. Campus Verlag.

Beal, G. M., Rogers, E. M. & Bohlen, J. M. (1957). Validity of the Concept of Stages in the Adoption Process. *Rural Sociology, 22*(2), 166–168.

Berger, J. (2011). Arousal Increases Social Transmission of Information. *Psychological Science, 22*(7), 891–893.

Berger, J. & Milkman, K. L. (2012). What Makes Online Content Viral? *Journal of Marketing Research, 49*(2), 192–205.

Bernhardt, J. M., Mays, D. & Kreuter, M. W. (2011). Dissemination 2.0: Closing the Gap Between Knowledge and Practice with New Media and Marketing. *Journal of Health Communication, 16*(1), 32–44.

Bijker, W. E. & Pinch, T. J. (1984). The Social Construction of Facts and Artefacts: Or how the Sociology of Science and the Sociology of Technology might Benefit of each other. In W. E. Bijker, T. P. Hughes & T. J. Pinch (Hrsg.), *The Social Construction of Technological Systems: New Directions in the Sociology and History of Technology* (S. 17–50). MIT Press.

Bogart, L. (1950). The Spread of News on a Local Event: A Case History. *Public Opinion Quarterly, 14*(4), 769–772.

Bolton, W. T. (1981). *The Perception and Potential Adoption of Channel 2000: Implications for Diffusion Theory and Videotext Technology*. Ohio State University: Unveröffentlichte Doktorarbeit.

Bonfadelli, H. (2002). The Internet and Knowledge Gaps: A Theoretical and Empirical Investigation. *European Journal of Communication, 17*(1), 65–84.

Bordia, P. & Difonzo, N. (2004). Problem Solving in Social Interactions on the Internet: Rumor As Social Cognition. *Social Psychology Quarterly, 67*(1), 33–49.

Bortz, J. (1999). *Statistik für Sozialwissenschaftler* (5. Aufl.). Springer.

Bortz, J. & Döring, N. (2006). *Forschungsmethoden und Evaluation: für Human- und Sozialwissenschaftler* (4. Auf.). Springer.

Bose, S. P. (1964). The Diffusion of a Farm Practice in Indian Villages. *Rural Sociology, 29*(1), 53–66.

Bower, J. L. & Christensen, C. M. (1995). Disruptive Technologies: Catching the Wave. *Harvard Business Review, 73*(1), 43–53.

Bowers, R. V. (1937). The Direction of Intra-Societal Diffusion. *American Sociological Review, 2*(6), 826–836.

Bowers, R. V. (1938). Differential Intensity of Intra-Societal Diffusion. *American Sociological Review, 3*(1), 21–31.

boyd, D., Golder, S. & Lotan, G. (2010). Tweet, Tweet, Retweet: Conversational Aspects of Retweeting on Twitter. In *HICSS '10 Proceedings of the 2010 43rd Hawaii International Conference on System Sciences* (S. 1–10). HICSS.

Brandner, L. & Straus, M. A. (1959). Congruence versus Profitability in the Diffusion of Hybrid Sorghum. *Rural Sociology, 24*(4), 381–383.

Broddason, T., Cohen, A. A., Gantz, W. & Greenberg, B. S. (1987). News Diffusion of the Palme Assassination among Journalists in Iceland, Israel and the US. *European Journal of Communication, 2*(2), 211-226.

Brosius, H.-B. (1994). Agenda Setting nach einem Vierteljahrhundert Forschung: Methodischer und theoretischer Stillstand? *Publizistik, 39*(3), 269–288.

Brosius, H.-B., Haas, A. & Unkel. J. (2022). *Methoden der empirischen Kommunikationsforschung* (8. Aufl.). Springer.

Brown, L. A. (1981). *Innovation Diffusion: A New Perspective*. Methuen.

Brown, M. E. (1994). *Soap Opera and Women's Talk: The Pleasure of Resistance*. Sage.

Budd, R. W., MacLean, M. S. & Barnes, A. M. (1966). Regularities in the Diffusion of Two Major News Events. *Journalism Quarterly*, 43(2), 221–230.

Burt, R. S. (1987). Social Contagion and Innovation: Cohesion versus Structural Equivalence. *American Journal of Sociology*, 92(5), 1287-1335.

Chang, B.-H., Lee, S.-E. & Kim, B.-S. (2006). Exploring Factors Affecting the Adoption and Continuance of Online Games among College Students in South Korea: Integrating Uses and Gratification and Diffusion of Innovation Approaches. *New Media Society*, 8(2), 295–319.

Chan-Olmsted, S., Rim, H. & Zerba, A. (2013). Mobile News Adoption among Young Adults Examining the Roles of Perceptions, News Consumption, and Media Usage. *Journalism & Mass Communication Quarterly*, 90(1), 126–147.

Charters, W. W, Jr. & Pellegrin, R. J. (1973). Barriers to the Innovation Process: Four Case Studies of Differentiated Staffing. *Educational Administration Quarterly*, 9(1), 3–14.

Chen, X., Li, X., Yao, D. & Zhou, Z. (2019). Seeking the Support of the Silent Majority: Are Lurking Users Valuable to UGC Platforms? *Journal of the Academy of Marketing Science*, 47(6), 986–1004.

Cheong, W. H. (2002). Internet Adoption in Macao. *Journal of Computer-Mediated Communication*, 7(2).

Chong, A. Y. L., Khong, K. W., Ma, T., McCabe, S. & Wang, Y. (2018). Analyzing Key Influences of Tourists' Acceptance of Online Reviews in Travel Decisions. *Internet Research*, 28(3), 564–586.

Clubbs, B. H., Gray, N., & Madlock, P. (2021). Using the Theory of Planned Behavior and the Technology Acceptance Model to Analyze a University Employee Fitness Tracker Program with Financial Incentive. *Journal of Communication in Healthcare*, 14(2), 149–162.

Cohen, Y. (2002). Broadcast News Diffusion in Crisis-Ridden Democracies: Israel and the Rabin Assassination. *Harvard International Journal of Press/Politics*, 7(3), 14-33.

Coleman, J., Katz, E. & Menzel, H. (1957). The Diffusion of an Innovation among Physicians. *Sociometry*, 20(4), 253–270.

Coleman, J. S. (1966). *Medical innovation: A Diffusion Study.* Bobbs-Merrill.

Comroe, J. H., Jr. (1977). *Retrospectroscope: Insights into Medical Discovery*. Von Gehr Press.

Copp, J. H., Sill, M. L. & Brown, E. J. (1958). The Function of Information Sources in the Farm Practice Adoption Process. *Rural Sociology*, 23(2), 146–157.

Cortina, J. M. (1993). What is Coefficient Alpha? An Examination of Theory and Applications. *Journal of Applied Psychology*, 78(1), 98–104.

Crane, D. (1975). *Invisible Colleges: Diffusion of Knowledge in Scientific Communities* (2. Aufl.).University of Chicago Press.

Cronbach, L. (1951). Coefficient Alpha and the Internal Structure of Tests. *Psychometrika*, 16(3), 297–334.

Di, C., & Guangsheng, H. (2018). The Displacement Effect between Competing Social Network Services: Examining Uses-and-Gratifications of WeChat and Weibo. *China Media Research*, 14(1), 87–98.

Dan, V., Osterheider, A., & Raupp, J. (2019). The Diffusion of Innovations in Agricultural Circles: An Explorative Study on Alternative Antimicrobial Agents. *Science Communication*, 41(1), 3–37.

Danielson, W. (1956). Eisenhower's February Decision: A Study of News Impact. *Journalism Quarterly*, 33(4), 433–441.

Davis, F. D. (1986). *A Technology Acceptance Model for Empirically Testing New End-User Information Systems: Theory and Results*. MIT Press.

de Certeau, M. (1988). *Kunst des Handelns*. Merve.

de Tarde, G. (1890). *Les lois de l'imitation: étude sociologique*. Alcan.

De Fleur, M. L. (1987). The Growth and Decline of Research on the Diffusion of the News, 1945-1985. *Communication Research*, 14(1), 109–130.

Dearing, J. W. & Singhal, A. (2006). Communication of Innovations: A Journey with Ev Rogers. In A. Singhal & J. W. Dearing (Hrsg.), *Communication of Innovations: A Journey with Ev Rogers* (S. 13–28). Sage.

Deutschmann, P. & Danielson, W. (1960). Diffusion of a Major News Story. *Journalism Quarterly*, 37(3), 345–355.

Doerr, B., Fouz, M. & Friedrich, T. (2012). Why Rumors Spread so Quickly in Social Networks. *Communications of the ACM*, 55(6), 70–75.

Donsbach, W. (1991). *Medienwirkung trotz Selektion: Einflussfaktoren auf die Zuwendung zu Zeitungsinhalten.* Böhlau.

Downs, G. W. (1976). *Bureaucracy, Innovation, and Public Policy.* Heath Com.

Downs, G. W., Jr. & Mohr, L. B. (1976). Conceptual Issues in the Study of Innovation. *Administrative Science Quarterly, 21*(4), 700–714.

Dutton, W. H., Rogers, E. M. & Jun, S.-H. (1987). Diffusion and Social Impacts of Personal Computers. *Communication Research, 14*(2), 219–250.

Easingwood, C. J., Mahajan, V. & Muller, E. (1983). A Nonuniform Influence Innovation Diffusion Model of New Product Acceptance. *Marketing Science, 2*(3), 273-295.

Emmer, M., Kuhlmann, C., Vowe, G. & Wolling, J. (2002). Der 11. September – Informationsverbreitung, Medienwahl, Anschlusskommunikation. *Media Perspektiven*, Heft 4, 166-177.

Farivar, S., Abouzahra, M., & Ghasemaghaei, M. (2020). Wearable Device Adoption among older adults: A mixed-methods Study. *International Journal of Information Management, 55*, 102209.

Farley, J. U., Lehmann, D. R. & Sawyer, A. (1995). Empirical Marketing Generalization using Meta-Analysis. *Marketing Science 14*(3), G36-G46.

Fathi, A. (1973). Diffusion of a 'Happy' News Event. *Journalism Quarterly, 50*(2), 271–277.

Feng, G. C., Zhang, Y. & Lin, Z.(2019). A Meta-Analysis of the Effects of Sociodemographic Factors on Social Media Adoption. *International Journal of Communication, 13*, 1996–2025.

Ferrara, E., Interdonato, R. & Tagarelli, A. (2014). Online Popularity and Topical Interests through the Lens of Instagram. In *Proceedings of the 25th ACM Conference on Hypertext and Social Media* (S. 24–34). ACM.

Festinger, L. (1976). *A Theory of Cognitive Dissonance.* Stanford University Press.

Fidler, R. F. (1997). *Mediamorphosis: Understanding New Media.* Pine Forge Press.

Fishbein, M. & Ajzen, I. (1975). *Believe, Attitude, Intention and Behavior: An Introduction to Theory and Research.* Addison-Wesley.

Fliegel, F. C. & Kivlin, J. E. (1966 a). Attributes of Innovations as Factors in Diffusion. *American Journal of Sociology*, 72(3), 235–248.

Fliegel, F. C. & Kivlin, J. E. (1966 b). Farmers' Perceptions of Farm Practice Attributes. *Rural Sociology*, 31(2), 197–206.

Fliegel, F. C., Kivlin, J. E. & Sekhon, G. S. (1968). A Cross-National Comparison of Farmers' Perceptions of Innovations as related to Adoption Behavior. *Rural Sociology*, 33(4), 437–449.

Freedman, R. (1969). *Family Planning in Taiwan*. Princeton: Princeton University Press.

Frissen, V. (2000). ICTs in the Rush of Life. *The Information Society*, 16(1), 65–75.

Funkhouser, G. R. & McCombs, M. E. (1971). The Rise and Fall of News Diffusion. *The Public Opinion Quarterly*, 35(1), 107–113.

Gantz, W. (1983). The Diffusion of News about the Attempted Reagan Assassination. *Journal of Communication*, 33(1), 56–66.

Gantz, W. & Tokinoya, H. (1987). Diffusion of News About the Assassination of Olof Palme: A Trans-Continental, Two-City Comparison of the Process. *European Journal of Communication*, 2(2), 197-210.

Gantz, W., Trenholm, S. & Pittman, M. (1976). The Impact of Salience and Altruism on the Diffusion of News. *Journalism Quarterly*, 53(4), 727–732.

Geise, S. (2017). Meinungsführer und der 'Flow of Communication'. Nomos.

Gil de Zúñiga, H., Jung, N. & Valenzuela, S. (2012). Social Media Use for News and Individuals' Social Capital, Civic Engagement and Political Participation. *Journal of Computer-Mediated Communication*, 17(3), 319–336.

Gil de Zúñiga, H., Molyneux, L. & Zheng, P. (2014). Social Media, Political Expression, and Political Participation: Panel Analysis of Lagged and Concurrent Relationships. *Journal of Communication*, 64(4), 612–634.

Glick, H. R. & Hays, S. P. (1991). Innovation and Reinvention in State Policymaking: Theory and the Evolution of Living Will Laws. *Journal of Politics*, 53(3), 835–850.

Glynn, C. J., Huge, M. E. & Hoffman, L. H. (2012). All the News that's Fit to Post: A Profile of News Use on Social Networking Sites. *Computers in Human Behavior*, 28(1), 113–119.

Goldenberg, J., Lehmann, D. R., Shidlovski, D. R. & Barak, M. M. (2006). *The Role of Expert versus Social Opinion Leaders in New Product Adoption. Report 06–124.* Marketing Science Institute.

Goldsmith, R. E., Freiden, J. B., & Eastman, J. K. (1995). The generality/specificity issue in consumer innovativeness research. *Technovation, 15*(10), 601–612.

Goodman, R. M. & Steckler, A. (1989). A Model for the Institutionalization of Health Promotion Programms. *Family & Community Health, 11*(4), 63–78.

Gotsch, C. H. (1972). Technical Change and the Distribution of Income in Rural Areas. *American Journal of Agricultural Economics, 54*(2), 326–341.

Granovetter, M. S. (1973). The Strength of Weak Ties. *American Journal of Sociology, 78*(6), 1360–1380.

Grattet, R., Jenness, V. & Curry, T. R. (1998). The Homogenization and Differentiation of Hate Crime Law in the United States, 1978 to 1995: Innovation and Diffusion in the Criminalization of Bigotry. *American Sociological Review, 63*(2), 286–307.

Greenberg, B. (1964 a). Person to Person Communication in the Diffusion of News Events. *Journalism Quarterly, 41*(4), 498-494.

Greenberg, B. S. (1964 b). Diffusion of News of the Kennedy Assassination. *The Public Opinion Quarterly, 28*(2), 225–232.

Haas, A. & Brosius, H.-B. (2011). Interpersonal-öffentliche Kommunikation in Diskussionsforen—Strukturelle Äquivalenz mit der Alltagskommunikation? In J. Wolling, C. Schumann & A. Will (Hrsg.), *Medieninnovationen* (S. 103–119). UVK.

Habib, L. & Cornford, T. (2002). Computers in the Home: Domestication and Gender. *Information Technology & People, 15*(2), 159–174.

Hall, S. (1980). Encoding/Decoding. In S. Hall; D. Hobson & A. Lowe (Hrsg.), *Culture, Media, Language: Working Papers in Cultural Studies; 1972-79* (S. 128–138). Routledge.

Hamblin, R. L., Miller, J. L. L. & Saxton, D. E, (1979). Modeling Use Diffusion. *Social Forces, 57*(3), 799–811.

Hanneman, G. J. & Greenberg, B. S. (1973). Relevance and Diffusion of News of Major and Minor Events. *Journalism Quarterly, 50*(3), 433–437.

Hanson, G. & Haridakis, P. (2008). YouTube Users Watching and Sharing the News: A Uses and Gratifications Approach. *The Journal of Electronic Publishing, 11*(3).

Haraldsen, G., Broddason, T., Hedinsson, E., Kalkkinen, M. L. & Svendsen, E. N. (1987). News Diffusion After the Assassination of a Neighbour. *European Journal of Communication, 2*(2), 171-184.

Hartmann, M. (2013). *Domestizierung*. Nomos.

Hasan, M., Mondal, N. I., Islam, N. & Hoque, A. (2017). The Effectiveness of Farm Programmes on Bangladesh Betar in Educating Farmers. *Open Learning, 32*(3), 214–223.

Hassinger, E. (1959). Stages in the Adoption Process. *Rural Sociology, 24*(1), 52–53.

Havens, A. E. & Flinn, W. (1975). Green Revolution Technology and Community Development: The Limits of Action Programs. *Economic Development & Cultural Change, 23*(3), 469-481.

Hays, S. P. (1996 a). Influences on Reinvention during the Diffusion of Innovations. *Political Research Quarterly, 49*(3), 631–650.

Hays, S. P. (1996 b). Patterns of Reinvention: The Nature of Evolution during Policy Diffusion. *Policy Studies Journal, 24*(4), 551–566.

Hepp, A. (1998). *Fernsehaneignung und Alltagsgespräche: Fernsehnutzung aus der Perspektive der Cultural Studies*. Westdeutscher Verlag.

Herger, N. (2004). *Organisationskommunikation. Beobachtung und Steuerung eines organisationalen Risikos*. VS Verlag.

Hermida, A., Fletcher, F., Korell, D. & Logan, D. (2012). Share, Like, Recommend: Decoding the Social Media News Consumer. *Journalism Studies, 13*(5-6), 815–824.

Herzog, H. (1944). What do we Really Know about Daytime Serial Listeners. In P. F. Lazarsfeld (Hrsg.), *Radio Research. 1942-1943* (S. 3–33). Duell, Sloan and Pearce.

Hightower, J. (1973). *Hard Tomatoes, Hard Times*. Schenkman.

Hill, R. J. & Bonjean, C. M. (1946). News Diffusion: A Test of the Regularity Hypothesis. *Journalism Quarterly, 41*(3), 336–342.

Hillmann, K.-H. & Hartfiel, G. (1994). *Wörterbuch der Soziologie* (4. Aufl.). Kröner.

Himelboim, I., Hansen, D. & Bowser, A. (2013). Playing in the Same Twitter Network: Political Information Seeking in the 2010 US Gubernatorial Elections. *Information, Communication & Society, 16*(9), 1373–1396.

Hinz, T. & Wagner, S. (2010). Die Diffusion einer sozialen Bewegung – lokale Austauschnetzwerke in Deutschland. *Zeitschrift für Soziologie, 39*(1), 60-80.

Höflich, J. R (2003). *Mensch, Computer und Kommunikation: Theoretische Verortungen und empirische Befunde.* Lang.

Holloway, R. E. (1977). *Perceptions of an Innovation: Syracuse University Project Advance.* Syracuse University: Unveröffentlichte Doktorarbeit.

Holly, W. (1993). Fernsehen in der Gruppe – gruppenbezogene Sprachhandlungen von Fernsehrezipienten. In W. Holly & U. Püschel (Hrsg.), *Medienrezeption als Aneignung: Methoden und Perspektiven qualitativer Medienforschung* (S. 137–150). Westdeutscher Verlag.

Holton, A. E., Baek, K., Coddington, M. & Yaschur, C. (2014). Seeking and Sharing: Motivations for Linking on Twitter. *Communication Research Reports, 31*(1), 33–40.

Hong, L., Dan, O. & Davison, B. D. (2011). Predicting Popular Messages in Twitter. In *Proceedings of the 20th International Conference Companion on World Wide Web* (S. 57–58). ACM.

Horan, T. J. (2013). "Soft" versus "Hard" News on Microblogging Networks. *Information, Communication & Society, 16*(1), 43–60.

Hu, M., Liu, S., Wei, F., Wu, Y., Stasko, J., & Ma, K.-L. (2012). Breaking News on Twitter. In *Proceedings of the SIGCHI Conference on Human Factors in Computing Systems* (S. 2751–2754). ACM.

Huang, H., & Zhang, X. (2017). The Adoption and Use of WeChat among Middle-Aged Residents in Urban China. *Chinese Journal of Communication, 10*(2), 134–156.

Hubona, G. S. & Burton-Jones A. (2003). *Modelling the User-Acceptance of E-Mail.* Proceedings of the 36th Hawaii International Conference on System Sciences (HICSS 03).

Hudson, H. E., Leclair, M., Pelletier, B. & Sullivan, B. (2017). Using Radio and Interactive ICTs to Improve Food Security among Smallholder Farmers in Sub-Saharan Africa. *Telecommunications Policy, 41*(7), 670–684.

Hurt, H. T. & Hibbard, R. (1989). The Systematic Measurement of the Perceived Characteristics of Information Technologies I: Microcomputers as Innovations. *Communication Quarterly, 37*(3), 214–222.

Im, Y.-H., Kim, E., Kim, K. & Kim, Y. (2011). The Emerging Mediascape, Same Old Theories? A Case Study of Online News Diffusion in Korea. *New Media & Society, 13*(4), 605–625.

Isenson, R. S. (1969). Project Hindsight: An Empirical Study of the Sources of Ideas Utilized in Operational Weapons System. In W. Gruber & D. G. Marquis (Hrsg.), *Factors in the Transfer of Technology* (S. 155–176). MIT Press.

Iyengar, R., van den Bulte, C., & Valente, T. W. (2011). Opinion Leadership and Social Contagion in New Product Diffusion. *Marketing Science, 30*(2), 195–212.

Jain, P., Rodrigues, T., Magno, G., Kumaraguru, P. & Almeida, V. (2013). Cross-Pollination of Information in Online Social Media: A Case Study on Popular Social Networks. In *Proceedings of the 2011 IEEE Third International Conference on Privacy, Security, Risk and Trust and 2011 IEEE Third International Conference on Social Computing* (S. 477–482). IEEE.

James, M. L., Wotring, C. E. & Forrest, E. J. (1995). An Exploratory Study of the Perceived Benefits of Electronic Bulletin Board Use and their Impact on other Communication Activities. *Journal of Broadcasting & Electronic Media, 39*(1), 30–50.

Jansen, D. (2006). *Einführung in die Netzwerkanalyse* (3. Aufl.). VS Verlag.

Jaradat, M.-I. R. M. & Imlawi, J. M. (2021). Virtual Reality Applications in Education: A Developing Country Perspective. *International Journal of Mobile Communications, 19*(4), 492–519.

Jeffres, L. & Atkin, D. (1996). Predicting Use of Technologies for Communication and Consumer Needs. *Journal of Broadcasting & Electronic Media, 40*(3), 318–330.

Jensen, J. (1991). *Redeeming Modernity: Contradictions in Media Criticism* (2. Aufl.). Sage.

Jeong, S. C., Kim, S.-H., Park, J. Y., & Choi, B. (2017). Domain-specific innovativeness and new product adoption: A case of wearable devices. *Telematics and Informatics, 34*(5), 399–412.

Jorgensen-Earp, C. R. & Jorgensen, D. D. (2002). "Miracle From Moldy Cheese": Chronological versus Thematic Self-Narratives in the Discovery of Penicillin. *Quarterly Journal of Speech, 88*(1), 69.

Jung, J., Chan-Olmsted, S., Park, B., & Kim, Y. (2012). Factors Affecting E-Book Reader Awareness, Interest, and Intention to Use. *New Media & Society, 14*(2), 204–224.

Kang, S. (2020). Going Beyond Just Watching: The Fan Adoption Process of Virtual Reality Spectatorship. *Journal of Broadcasting & Electronic Media, 64*(3), 499–518.

Kaplan, A. W. (1999). From Passive to Active about Solar Electricity: Innovation Decision Process and Photovoltaic Interest Generation. *Technovation, 19*(8), 467–481.

Karnowski, V. (2008). *Das Mobiltelefon im Spiegel fiktionaler Fernsehserien: Symbolische Modelle der Handyaneignung*. VS Verlag.

Karnowski, V., Leiner, D. J., Sophie Kümpel, A. & Leonhard, L. (2021). Worth to Share? How Content Characteristics and Article Competitiveness Influence News Sharing on Social Network Sites. *Journalism & Mass Communication Quarterly, 98*(1), 59–82.

Karnowski, V., von Pape, T. & Wirth, W. (2006). Zur Diffusion Neuer Medien. Kritische Bestandsaufnahme aktueller Ansätze und Überlegungen zu einer integrativen Diffusions- und Aneignungstheorie Neuer Medien. *Medien & Kommunikationswissenschaft, 54*(1), 56-74.

Karnowski, V., von Pape, T. & Wirth, W. (2011). Overcoming the Binary Logic of Adoption: On the Integration of Diffusion of Innovations Theory and the Concept of Appropriation. In A. Vishwanath & G. Barnett (Hrsg.), *Advances in the Study of the Diffusion of Innovations*. Peter Lang.

Katz, E., Blumler, J. G. & Gurevitch, M. (1974). Utilization of Mass Communication by the Individual. In J. G. Blumler & E. Katz (Hrsg.), *Sage Annual Reviews of Communication Research: Vol. 3. The Uses of Mass Communications. Current Perspectives on Gratifications Research*. Sage.

Katz, E. (1960). Communication Research and the Image of Society: Convergence of two Traditions. *American Journal of Sociology, 65*(5), 435–440.

Katz, E. (1961). The Social Itinerary of Technical Change: Two Studies on the Diffusion of Innovation. *Human Organization, 20*(2), 70–82.

Katz, E. (1999). Theorizing Diffusion: Tarde and Sorokin Revisited. *The ANNALS of the American Academy of Political and Social Science, 566*(1), 144–155.

Katz, E., Levin, M. L. & Hamilton, H. (1963). Traditions of Research on the Diffusion of Innovation. *American Sociological Review, 28*(2), 237–252.

Kelly, J. A., Somlai, A. M., DiFrancesco, W. J., Otto-Salaj, L. L., McAuliffe, T. L. & Hackl, K. L., et al. (2000). Bridging the Gap between the Science and Service of HIV Prevention: Transferring Effective Research-Based HIV Prevention Interventions to

Community AIDS Service Providers. *American Journal of Public Health, 90*(7), 1082–1088.

Kepplinger, H. M., Levendel, A., Livolsi, M. & Wober, M. (1987). More than Learning: The Diffusion of News on the Assassination of Olof Palme in England, Germany, Italy and Hungary. *European Journal of Communication, 2*(2), 185-195.

Keyling, T., Karnowski, V. & Leiner, D. (2013). Nachrichtendiffusion in der virtuellen MediaPolis: Wie sich Nachrichtenartikel über Facebook, Twitter und Google+ verbreiten. In B. Pfetsch, J. Greyer, & J. Trebbe (Hrsg.), *MediaPolis – Kommunikation zwischen Boulevard und Parlament* (S. 209–227). UVK.

Kim, M., Newth, D. & Christen, P. (2014). Trends of News Diffusion in Social Media based on Crowd Phenomena. In *Proceedings of the Companion Publication of the 23rd International Conference on World Wide Web Companion* (S. 753–758). International World Wide Web Conferences Steering Committee.

Klapper, J. T. (1961). *The effects of mass communication.* Free Press.

Kolo, C. (2010). Online-Medien und Wandel: Konvergenz, Diffusion, Substituation. In W. Schweiger & K. Beck (Hrsg.), *Handbuch Online-Kommunikation* (S. 283-307). VS Verlag.

Kostka, J., Oswald, Y. A., & Wattenhofer, R. (2008). Word of Mouth: Rumor Dissemination in Social Networks. In A. A. Shvartsman & P. Felber (Hrsg.), *Structural Information and Communication Complexity* (S. 185–196). Springer.

Kümpel, A. S., Karnowski, V. & Keyling, T. (2015). News Sharing in Social Media: A Review of Current Research on News Sharing Users, Content, and Networks. *Social Media+ Society, 1*(2), 1-14.

Lachlan, K. A., Spence, P. R., Lin, X. & Del Greco, M. (2014). Screaming into the Wind: Examining the Volume and Content of Tweets Associated with Hurricane Sandy. *Communication Studies, 65*(5), 500–518.

Lachlan, K. A., Spence, P. R., Lin, X., Najarian, K. & Del Greco, M. (2016). Social Media and Crisis Management: CERC, Search Strategies, and Twitter Content. *Computers in Human Behavior, 54*, 647–652.

Lagos, T. G. (2008). Mediating Commons: Rural Greece. *New Media Society, 10*(4), 565–583.

Lansing, J. S. (1991). *Priests and Programmers.* Princeton Univ. Press.

LaRose, R. & Atkin, D. (1992). Audiotext and the Re-Invention of the Telephone as a Mass Medium. *Journalism Quarterly, 69*(2), 413–421.

Larsen, O. N. (1962). Innovators and Early Adopters of Television. *Sociological Inquiry, 32*(1), 16–33.

Larsen, O. N. & Hill, R. J. (1954). Mass Media and Interpersonal Communication in the Diffusion of a News Event. *American Sociological Review, 19*(4), 426–433.

Lasswell, H. D. (1948). The Structure and Formation of Communication in Society. In L. Bryson (Hrsg.), *The Communication of Ideas*. (S. 37–51). Harper and Brothers.

Lazarsfeld, P. F., Berelson, B. & Gaudet, H. (1944). *The People's Choice. How the Voter Makes Up His Mind in a Presidential Campaign*. Duell, Sloan, and Pearce.

Lazarsfeld, P. F. & Merton, R. K. (1954). Friendship as a Social Process: A Substantive and Methodological Analysis. In M. Berger (Hrsg.), *The Van Nostrand Series in Sociology: Freedom and control in modern society* (S. 18–66). Van Nostrand.

Lee, S. (2013). An Integrated Adoption Model for E-Books in a Mobile Environment: Evidence from South Korea. *Telematics and Informatics, 30*(2), 165–176.

Lee, C. S. & Ma, L. (2012). News Sharing in Social Media: The Effect of Gratifications and Prior Experience. *Computers in Human Behavior, 28*(2), 331–339.

Lehmann, J., Castillo, C., Lalmas, M. & Zuckerman, E. (2013). Finding News Curators in Twitter. In *Proceedings of the 22nd International Conference on World Wide Web Companion* (S. 863–870). International World Wide Web Conferences Steering Committee.

Lehtonen, T.-K. (2003). The Domestication of New Technologies as a Set of Trials. *Journal of Consumer Culture, 3*(3), 363–385.

Leung, L. (1998). Lifestyles and the Use of New Media Technology in Urban China. *Telecommunications Policy, 22*(9), 781–790.

Leung, L. & Wei, R. (1999). Who are the Mobile Phone Have-Nots? Influences and Consequences. *New Media Society, 1*(2), 209–226.

Levy, S. G. (1969). How Population Subgroups Differed in Knowledge of Six Assassinations. *Journalism Quarterly, 46*(4), 685–698.

Li, X. (2013). Innovativeness, Personal Initiative, News Affinity and News Utility as Predictors of the Use of Mobile Phones as News Devices. *Chinese Journal of Communication, 6*(3), 350–373.

Li, S.-C. S. (2014). Digital Television Adoption: Comparing the Adoption of Digital Terrestrial Television with the Adoption of Digital Cable in Taiwan. *Telematics and Informatics, 31*(1), 126–136.

Li, R. & Shiu, A. (2012). Internet Diffusion in China: A Dynamic Panel Data Analysis. *Telecommunications Policy, 36*(10–11), 872–887.

Lin, C. A. (1998). Exploring Personal Computer Adoption Dynamics. *Journal of Broadcasting & Electronic Media, 42*(1), 95.

Lin, C. A. (2001). Audience Attributes, Media Supplementation, and Likely Online Service Adoption. *Mass Communication & Society, 4*(1), 19.

Lin, C. A. & Jeffres, L. W. (1998). Factors Influencing the Adoption of Multimedia Cable Technology. *Journalism & Mass Communication Quarterly, 75*(2), 341–352.

Lin, T. T. C., & Bautista, J. R. (2017). Understanding the Relationships between mHealth Apps' Characteristics, Trialability, and mHealth Literacy. *Journal of Health Communication, 22*(4), 346–354.

Ling, R., Nilsen, S. & Granhaug, S. (1999). The Domestication of Video-on-Demand. Folk Understanding of a New Technology. *New Media & Society, 1*(1), 83–100.

Ling, R., Parekh, P., Zainudeen, A., & Galpaya, H. (2019). Rationalization of Mobile Telephony by Small-Scale Entrepreneurs in Myanmar. *Information, Communication & Society, 22*(3), 420–436.

Locock, L., Dopson, S., Chambers, D. & Gabbay, J. (2001). Understanding the Role of Opinion Leaders in Improving Clinical Effectiveness. *Social Science & Medicine, 53*(6) 745–757.

Ma, L., Lee, C. S. & Goh, D. H.-L. (2011). That's News to me: The Influence of Perceived Gratifications and Personal Experience on News Sharing in Social Media. In *Proceedings of the 11th Annual International ACM/IEEE Joint Conference on Digital Libraries* (S. 141–144). ACM.

Ma, L., Lee, C. S. & Goh, D. H.-L. (2013). Investigating Influential Factors Influencing Users to Share News in Social Media: A Diffusion of Innovations Perspective. In *Proceedings of the 13th ACM/IEEE-CS Joint Conference on Digital Libraries* (S. 403–404). ACM.

Ma, L., Lee, C. S. & Goh, D. H.-L. (2014). Understanding News Sharing in Social Media. An Explanation from the Diffusion of Innovations Theory. *Online Information Review*, 38, 598–615.

Mahajan, V., Muller, E. & Wind, Y. (Hrsg.) (2000). *New-Product Diffusion Models*. Kluwer.

Mahajan, V. & Peterson, R. A. (1985). *Models of Innovation Diffusion*. Sage.

Majchrzak, A., Rice, R. E., Malhotra, A., King, N. & Ba, S. (2000). Technology Adaptation: The Case of a Computer-Supported Inter-Organizational Virtual Team. *MIS Quarterly*, 24(4), 569–600.

Markus, M. L. (1987). Toward a "Critical Mass" Theory of Interactive Media: Universal Access, Interdependence and Diffusion. *Communication Research*, 14(5), 491–511.

Marsden, P. V. & Podolny, J. (1990). Dynamic Analysis of Network Diffusion Processes. In J. Weesie & H. Flap (Hrsg.), *Social Networks Through Time*. ISOR.

Mason, R. (1962). An Ordinal Scale for Measuring the Adoption Process. In E. Katz; E. A. Wilkening; E. M. Rogers; R. Mason; R. L. Dahling & T. W. Harrell, et al. (Hrsg.), *Studies of Innovation and of Communication to the Public* (S. 99–116). Institute of Communication Research, Stanford University.

Maurer, M. (2017). *Agenda-Setting (2. Aufl.)*. Nomos.

Mayer, M. E., Gudykunst, W. B., Perrill, N. K. & Merrill, B. D. (1990). A Comparison of Competing Models of the News Diffusion Process. *Western Journal of Speech Communication: WJSC*, 54(1), 113–123.

Mazer, J. P., Thompson, B., Cherry, J., Russell, M., Payne, H. J., Gail Kirby, E. & Pfohl, W. (2015). Communication in the face of a school crisis: Examining the volume and content of social media mentions during active shooter incidents. *Computers in Human Behavior*, 53, 238–248.

McCombs, M. E. & Shaw, D. L. (1972). The Agenda-Setting Function of Mass Media. *Public Opinion Quarterly*, 36(2), 176–187.

McMaster, T. & Wastell, D. (2005). Diffusion – or delusion? Challenging an IS research tradition. *Information Technology & People*, 18(4), 383-404.

McPherson, M., Smith-Lovin, L. & Cook, J. M. (2001). Birds of a Feather: Homophily in Social Networks. *Annual Review of Sociology*, 27, 415–444.

Mead, G. H. & Morris, C. W. (2008). *Geist, Identität und Gesellschaft: Aus der Sicht des Sozialbehaviorismus* (Nachdruck). Suhrkamp.

Maier, M., Retzbach, J., Glogger, I. & Stengel, K. (2018). *Nachrichtenwerttheorie* (2. Aufl.). Nomos.

Melkote, S. R. & Steeves, H. L. (2001). *Communication for Development in the Third World: Theory and Practice for Empowerment* (2. Auflage). Sage.

Mendelsohn, H. (1964). Broadcast vs. Personal Sources of Information in Emergent Public Crises: The Presidential Assassination. *Journal of Broadcasting & Electronic Media, 8*(2), 147–156.

Merton, R. K (1968). *Social Theory and Social Structure*. Free Press.

Meyer, G. (2004). Diffusion Methodology: Time to Innovate? *Journal of Health Communication, 9*(Supp 1), 59–69.

Miller, D. C. (1945). A Research Note on Mass Communication. *American Sociological Review, 10*(5), 691–694.

Moore, G. C. & Benbasat, I. (1991). Development of an Instrument to Measure the Perceptions of Adopting an Information Technology Innovation. *Information Systems Research, 2*(3), 192–222.

Myers, S. A., Zhu, C. & Leskovec, J. (2012). Information Diffusion and External Influence in Networks. In *Proceedings of the 18th ACM SIGKDD International Conference on Knowledge Discovery and Data Mining* (S. 33–41). ACM.

Nelson, R. A. (2008). Marketing: Communication Tools. In W. Donsbach (Hrsg.), *The International Encyclopedia of Communication* (S. 2780-2787). Blackwell Publishing.

Nielsen, R. K. & Schrøder, K. C. (2014). The Relative Importance of Social Media for Accessing, Finding, and Engaging with News: An Eight-Country Cross-Media Comparison. *Digital Journalism, 2*(4), 472–489.

Nikou, S. (2019). Factors Driving the Adoption of Smart Home Technology: An Empirical Assessment. *Telematics & Informatics, 45*, Article 101283.

Norton, J. A. & Bass, F. M. (1987). A Diffusion Theory Model of Adoption and Substitution for Successive Generations of High-Technology Products. *Management Science, 33*(9), 1069-1086.

O'Keefe, M. T. (1969). The First Human Heart Transplant: A Study of Diffusion among Doctors. *Journalism Quarterly, 46*(2), 237–242.

O'Keefe, M. T. & Kissel, B. C. (1971). Visual Impact: An Added Dimension in the Study of News Diffusion. *Journalism Quarterly, 48*(2), 298–303.

Oksman, V. & Turtiainen, J. (2004). Mobile Communication as a Social Stage: Meanings of Mobile Communication in Everyday Life among Teenagers in Finland. *New Media Society, 6*(3), 319–339.

Oulette, J. A. & Wood, W. (1998). Habit and Intention in Everyday Life: The Multiple Processes by Which Past Behavior Predicts Future Behavior. *Psychological Bulletin, 124*(1), 54-74.

Orlikowski, B. (1993). CASE Tools as Organizational Change: Investigating Incremental and Radical Changes in Systems Development. *MIS Quarterly, 17*(3), 309–340.

Ostlund, L. E. (1973). Interpersonal Communication Following McGovern's Eagleton Decision. *The Public Opinion Quarterly, 37*(4), 601–610.

O'Sullivan, P. B. & Carr, C. T. (2018). Masspersonal Communication: A Model Bridging the Mass-Interpersonal Divide. *New Media & Society, 20*(3), 1161-1180.

Owiny, S. A., Mehta, K. & Maretzki, A. N. (2014). The Use of Social Media Technologies to Create, Preserve, and Disseminate Indigenous Knowledge and Skills to Communities in East Africa. *International Journal of Communication, 8*, 234–247.

Palmgreen, P. & Rayburn, J. D., II (1985). An Expectancy-Value Approach to Media Gratifications. In K. E. Rosengren; L. A. Wenner & P. Palmgreen (Hrsg.), *Media Gratifications Research: Current perspectives* (S. 61–72). Sage.

Pan, Z., Ostman, R. E., Moy, P. & Reynolds, P. (1994). News Media Exposure and its Learning Effects during the Persian Gulf War. *Journalism Quarterly, 71*(1), 7-19.

Pavón-Guinea, A. (2018). The Empirical Factors of Twitter Adoption by World Governments: The Impact of Type and Diffusion. *Journal of International Communication, 24*(1), 138–161.

Pearce, K. E. & Kendzior, S. (2012). Networked Authoritarianism and Social Media in Azerbaijan. *Journal of Communication, 62*(2), 283–298.

Pedersen, P. E. & Nysveen, H. (2003). *Usefulness and Self-Expressiveness: Extending TAM to Explain the Adoption of a Mobile Parking Service*. Vortrag auf der 16. Electronic Commerce Conference, Bled, Slowenien.

Pelto, P. J (1987). *The Snowmobile Revolution: Technology and Social Change in the Arctic*. Waveland Press.

Peterson, R. A. (1973). A Note on Optimal Adopter Category Determination. *Journal of Marketing Research, 10*(3), 325-329.

Pope, A. (1712). *An Essay on Criticism*. W. Lewis.

Purcell, K., Rainie, L., Mitchell, A., Rosenstiel, T. & Olmstead, K. (2010). *Understanding the Participatory News Consumer*. Pew Research Center.

Quandt, T. & von Pape, T. (2010). Living in the Mediatope. A Multi-Method Study on the Evolution of Media Technologies in the Domestic Environment. *The Information Society, 26*(5), 330-345.

Quiring, O. (2007). Kommunikationsproblem interaktives Fernsehen? *Publizistik, 52*(3), 375–399.

Rane, H. & Salem, S. (2012). Social Media, Social Movements and the Diffusion of Ideas in the Arab Uprisings. *Journal of International Communication, 18*(1), 97–111.

Rhee, K. Y. & Kim, W.-B. (2004). The Adoption and Use of the Internet in South Korea. *Journal of Computer-Mediated Communication, 9*(4).

Rich, B. R. & Janos, L. (1994). *Skunk Works. A Personal Memoir of My Years at Lockheed*. Little, Brown and Company.

Rice, R. E. & Rogers, E. M. (1980). Reinvention in the Innovation Process. *Knowledge: Creation, Diffusion, Utillization, 1*(4), 499–514.

Rice, R. E. (1987). Computer-Mediated Communication and Organizational Innovation. *The Journal of Communication, 37*(4), 65–94.

Rice, R. E. (2001). The Internet and Health Communication: A Framework of Experiences. In R. E. Rice & J. E. Katz (Hrsg.), *The Internet and Health Communication: Experiences and Expectations* (S. 5–46). Sage.

Rice, R. E (2009). *Diffusion of Innovations: Integration and Media-Related Extensions of this Communication Keyword*. Vortrag auf der 59. Jahrestagung der International Communication Association. Chicago, USA.

Rice, R. E. (2017). Intermediality and the Diffusion of Innovations. *Human Communication Research, 43*(4), 531–544.

Rigopoulou, I. D., Chaniotakis, I. E., & Kehagias, J. D. (2017). An Extended Technology Acceptance Model for Predicting Smartphone Adoption Among Young Consumers in Greece. *International Journal of Mobile Communications, 15*(4), 372–387.

Robinson, B. & Lakhani, C. (1975). Dynamic Price Models for New Product Planning. *Management Science, 21*(6), 1113-1122.

Rogers, E. M, Vaughan, P. W., Swalehe, R. M. A., Rao, N., Svenkerud, P. & Sood, S. (1999). Effects of an Entertainment-Education Radio Soap Opera on Family Planning Behavior in Tanzania. *Studies in Family Planning, 30*(3), 193–211.

Rogers, E. M. (1957). *A Conceptual Variable Analysis of Technological Change.* Iowa State College: Unveröffentlichte Doktorarbeit.

Rogers, E. M. (1958). A Conceptual Variable Analysis of Technological Change. *Rural Sociology, 23*(2), 136–145.

Rogers, E. M. (1962). *Diffusion of Innovations.* Free Press.

Rogers, E. M. (1983). *Diffusion of Innovations* (3. Aufl.). Free Press.

Rogers, E. M. (1995). *Diffusion of Innovations* (4. Aufl.). Free Press.

Rogers, E. M. (2000). Reflections on News Event Diffusion Research. *Journalism & Mass Communication Quarterly, 77*(3), 561-576.

Rogers, E. M. (2003). *Diffusion of Innovations* (5. Aufl.). Free Press.

Rogers, E. M. & Bhowmik, D. K. (1970). Homophily-Heterophily: Relational Concepts for Communication Research. *Public Opinion Quarterly, 34*(4), 523–538.

Rogers, E. M. & Kincaid, D. L. (1981). *Communication Networks: Toward a New Paradigm for Research.* Free Press.

Rogers, E. M. & Seidel, N. (2002). Diffusion of News of the Terrorist Attacks of September 11, 2001. *Prometheus, 20*(3), 209–219.

Rogers, E. M. & Shoemaker, F. (1972). *Communication of Innovations* (2. Aufl.). Free Press.

Romero, D. M., Meeder, B. & Kleinberg, J. (2011). Differences in the Mechanics of Information Diffusion across Topics: Idioms, Political Hashtags, and Complex Contagion on Twitter. In *Proceedings of the 20th International Conference on World Wide Web* (S. 695–704). ACM.

Rosengard, D., Tucker-McLaughlin, M. & Brown, T. (2014). Students and Social News. How College Students Share News through Social Media. *Electronic News, 8*(2), 120–137.

Rosengren, K. E. (1973). News Diffusion: An Overview. *Journalism Quarterly, 50*(1), 81–91.

Rosengren, K. E. (1987). Conclusion: The Comparative Study of News Diffusion. *European Journal of Communication,* 2(2), 227-255.

Rossmann, C. (2021). *Theory of Reasoned Action – Theory of Planned Behavior* (2. Aufl). Nomos.

Rössler, P. (1997). *Agenda-Setting: Theoretische Annahmen und empirische Evidenzen einer Medienwirkungshypothese.* Westdeutscher Verlag.

Rössler, P. (1998). Multiplikatoren der Moderne. Diffusionstheoretische Überlegungen zu deutschen Illustrierten des 20. Jahrhunderts. *Medien & Zeit,* 13(4), 32-41.

Rudat, A., Buder, J. & Hesse, F. W. (2014). Audience Design in Twitter: Retweeting Behavior between Informational Value and Followers' Interests. *Computers in Human Behavior, 35,* 132–139.

Ryan, B. (1948). A Study in Technological Diffusion. *Rural Sociology,* 13(3), 273 285.

Ryan, B. & Gross, N. C. (1943). The Diffusion of Hybrid Seed Corn in Two Iowa Communities. *Rural Sociology,* 8(1), 15–24.

Sarrina Li, S.-C. (2013). Lifestyle Orientations and the Adoption of Internet-related Technologies in Taiwan. *Telecommunications Policy,* 37(8), 639–650.

Schelling, T. C (1978). *Micromotives and Macrobehavior.* Norton.

Schenk, M., Dahm, H. & Sonje, D. (1996). *Innovationen im Kommunikationssystem: Eine empirische Studie zur Diffusion von Datenfernübertragung und Mobilfunk.* LIT.

Scherer, H. & Berens, H. (1998). Kommunikative Innovatoren oder introvertierte Technikfans? Die Nutzer von Online-Medien diffusions- und nutzentheoretisch betrachtet. In L. M. Hagen (Hrsg.), *Online-Medien als Quellen politischer Information: Empirische Untersuchungen zur Nutzung von Internet und Online-Diensten* (S. 54–93). Westdeutscher Verlag.

Sheatsley, P. B. & Feldman, J. J. (1965). National Survey of Public Reactions and Behavior. In B. S. Greenberg (Hrsg.), *The Kennedy Assassination and the American Public* (S. 149–177). Stanford University Press.

Shefner-Rogers, C. (2006). Everett Rogers' Personal Journey: Iowa to Iowa. In A. Singhal & J. W. Dearing (Hrsg.), *Communication of Innovations: A Journey with Ev Rogers* (S. 230–247). Sage.

Shin, J., Jian, L., Driscoll, K. & Bar, F. (2017). Political Rumoring on Twitter during the 2012 US Presidential Election: Rumor Diffusion and Correction. *New Media & Society, 19*(8), 1214-1235.

Silverstone, R. & Haddon, L. (1996). Design and the Domestication of Information and Communication Technologies: Technical Change and Everyday Life. In R. Mansell & R. Silverstone (Hrsg.), *Communication by Design: The Politics of Information and Communication Technologies* (S. 44–74). Oxford University Press.

Simmel, G. (1908). *Soziologie: Untersuchungen über die Formen der Vergesellschaftung*. Duncker & Humblot.

Singhal, A. & Dearing, J. W. (Hrsg.) (2006). *Communication of Innovations: A Journey with Ev Rogers*. Sage.

Singhal, A. & Rogers, E. M. (2003). *Combating AIDS: Communication Strategies in Action*. Sage.

Singhal, A., Rogers, E. M. & Mahajan, M. (1999). The Gods Are Drinking Milk! Word-of-Mouth Diffusion of a Major News Event in India. *Asian Journal of Communication, 9*(1), 86-107.

Small, T. A. (2011). What the Hashtag? *Information, Communication & Society, 14*(6), 872–895.

Snijders, T. A. B. (2005). Models for Longitudinal Network Data. In P. Carrington, J. Scott & S. Wasserman (Hrsg.), *Models and Methods in Social Network Analysis*. Cambridge University Press.

Spitzer, S. P. & Spitzer, N. S. (1965). Diffusion of News of the Kennedy and Oswald Deaths. In B. S. Greenberg (Hrsg.), *The Kennedy Assassination and the American Public* (S. 99–111). Stanford University Press.

Stenberg, P. L. (2018). The Purchase of Internet Subscriptions in Native American Households. *Telecommunications Policy, 42*(1), 51–60.

Strang, D. & Tuma, N. B. (1993). Spatial and Temporal Heterogeneity in Diffusion. *American Journal of Sociology, 99*(2), 614-639.

Streeter, T. (1996). *Selling the Air: A Critique of the Policy of Commercial Broadcasting in the United States*. University of Chicago Press.

Strodthoff, G. G., Hawkins, R. P. & Schoenfeld, A. C. (1985). Media Roles in a Social Movement: A Model of Ideology Diffusion. *The Journal of Communication, 35*(2), 134–153.

Sultan, F., J., Farley, U. & Lehmann, D. R. (1990). Meta-Analysis Applications of Diffusion Models. *Journal of Marketing Research, 27*(1), 70-77.

Sun, E., Rosenn, I., Marlow, C. A. & Lento, T. M. (2009). Gesundheit! Modeling Contagion through Facebook News Feed. In *Proceedings of the Third International ICWSM Conference* (S. 146–153). ICWSM.

Susarla, A., Oh, J.-H. & Tan, Y. (2012). Social Networks and the Diffusion of User-Generated Content: Evidence from YouTube. *Information Systems Research*, 23–41.

Theis-Berglmair, A.-M. (2003). *Organisationskommunikation. Theoretische Grundlagen und empirische Forschungen*. Lit.

Thomas, T. L., Schrock, C. & Friedman, D. B. (2016). Providing Health Consumers with Emergency Information: A Systematic Review of Research Examining Social Media Use during Public Crises. *Journal of Consumer Health on the Internet*, 20(1–2), 19–40.

Tichenor, P. J., Donohue, G. A. & Olien, C. N. (1970). Mass Media Flow and Differential Growth in Knowledge. *Public Opinion Quarterly*, 34(2), 159–170.

Valente, T. W. (1993). Diffusion of Innovations and Policy Decision-Making. *Journal of Communication*, 43(1), 30–41.

Valente, T. W (2005). Network Models and Methods for Studying the Diffusion of Innovations. In P. J. Carrington, J. Scott & S. Wasserman (Hrsg.), *Models and Methods in Social Network Analysis* (S. 98–116). Cambridge University Press.

Valente, T. W. (2006). Communication Network Analysis and the Diffusion of Innovations. In A. Singhal & J. W. Dearing (Hrsg.), *Communication of Innovations. A Journey with Ev Rogers* (S. 61-82). Sage.

Van de Ven, A. H., Angle, H. L. & Poole, M. S. (Hrsg.) (1989). *Research on the Management of Innovation: The Minnesota Studies*. Harper.

Venkatesh, V., Morris, M. G., Davis, G. B. & Davis, F. D. (2003). User Acceptance of Information Technology: Toward a Unified View. *MIS Quarterly*, 27(3), 425–478.

Vishwanath, A., Brodsky, L. & Shaha, S. (2009). Physician Adoption of Personal Digital Assistants (PDA): Testing Its Determinants Within a Structural Equation Model. *Journal of Health Communication*, 14(1), 77–95.

Vishwanath, A. & Goldhaber, G. M. (2003). An Examination of the Factors Contributing to Adoption Decisions among Late-Diffused Technology Products. *New Media Society*, 5(4), 547–572.

von Hippel, E. (1986). Lead Users: A Source of Novel Product Concepts. *Management Science, 32*(7), 791–805.

von Hippel, E., Thomke, S. & Sonnack, M. (1999). Creating Breakthroughs at 3M. *Harvard Business Review, 77*(5), 47–57.

von Pape, T. (2009). Media Adoption and Diffusion. In T. Hartmann (Hrsg.), *Media Choice: A Theoretical and Empirical Overview* (S. 274–292). Routledge.

Walker, W. A. & Gibbons, J. A. (2006). Rumor Mongering as a Collective Coping Strategy for Traumatic Public Events: Evidence from Face to Face Interactions and Rumors on the Internet. *Journal of Cognitive Technology, 11*(1), 31–35.

Walsh, S. T. & Linton, J. D. (2000). Infrastructure for emergent Industries based on Discontinuous Innovations. *Engineering Management Journal, 12*(2), 23.

Wang, F.-Y., Zeng, D., Carley, K. M. & Mao, W. (2007). Social Computing: From Social Informatics to Social Intelligence. *IEEE Intelligent Systems, 22*(2), 79–83.

Wang, Y.-M., & Lin, W.-C. (2019). Understanding Consumer Intention to Pay by Contactless Credit Cards in Taiwan. *International Journal of Mobile Communications, 17*(1), 1–23.

Wang, Y.-Y., Lin, H.-H., Wang, Y.-S., Shih, Y.-W., & Wang, S.-T. (2018). What Drives Users' Intentions to Purchase a GPS Navigation App. *Internet Research, 28*(1), 251–274.

Weber, I. & Evans, V. (2002). Constructing the Meaning of Digital Television in Britain, the United States and Australia. *New Media Society, 4*(4), 435–456.

Weeks, B. E. & Holbert, R. L. (2013). Predicting Dissemination of News Content in Social Media: A Focus on Reception, Friending, and Partisanship. *Journalism & Mass Communication Quarterly, 90*(2), 212–232.

Wei, R. (2001). From Luxury to Utility: A Longitudinal Analysis of Cell Phone Laggards. *Journalism & Mass Communication Quarterly, 78*(4), 702–719.

Wei, R. (2006). Wi-Fi Powered WLAN: When Built, Who Will Use It? Exploring Predictors of Wireless Internet Adoption in the Workplace. *Journal of Computer-Mediated Communication, 12*(1), 155–175.

Weiber, R. (1992). *Diffusion von Telekommunikation: Problem der kritischen Masse.* Gabler.

Weibull, L., Lindahl, R. & Rosengren, K. E. (1987). News Diffusion in Sweden: The Role of the Media *European Journal of Communication, 2*(2), 143-170.

Weilenmann, A. (2001). Negotiating Use: Making Sense of Mobile Technology. *Personal and Ubiquitous Computing, 5*(2), 108–116.

Weimann, G. (1994). *The Influentials: People Who Influence People*. State University of New York Press.

Wendelin, M. (2008). Systemtheorie als Innovation in der Kommunikationswissenschaft: Inhaltliche Hemmnisse und institutionelle Erfolgsfaktoren im Diffusionsprozess. *Communicatio Socialis, 41*(4), 341-359.

Westphal, J. D., Gulati, R. & Shortell, S. M. (1997). Customization or Conformity? An Institutional and Network Perspective on the Content and Consequences of TQM Adoption. *Administrative Science Quarterly, 42*(2), 366-394.

Wirth, W., von Pape, T. & Karnowski, V. (2008). An Integrative Model of Mobile Phone Appropriation. *Journal of Computer-Mediated Communication, 13*(3), 593–617.

Wissler, C. (1914). The Influence of the Horse in the Development of Plains Culture. *American Anthropologist, 16*(1), 1–25.

Wissler, C. (1923). *Man and Culture*. Crowell.

Wray, R. (2002). First with the Message. Interview with Cor Stutterheim, executive Chairman CMG. *The Guardian*, 16.3.2002. Online-Dokument: http://business.guardian.co.uk/story/0,3604,668379,00.html (27.02. 2007)

Wu, S., Hofman, J. M., Mason, W. A. & Watts, D. J. (2011). Who says what to whom on Twitter. In *Proceedings of the 20th International Conference on World Wide Web* (S. 705–714). ACM.

Yin, J., Qian, L. & Singhapakdi, A. (2018). Sharing Sustainability: How Values and Ethics Matter in Consumers' Adoption of Public Bicycle-Sharing Scheme. *Journal of Business Ethics, 149*(2), 313–332.

Zagonel, A. M., Baker, L. M., Ingram, S., Ulmer, J. D. & Kouba, J. M. (2021) Beyond the Post: Exploring Equine Operators' Understanding and Role in Conservation Best Management Practices. *Journal of Applied Communications, 105*(1), Art. 9.

Zahid, H., Ali, S., Abu-Shanab, E., & Muhammad Usama Javed, H. (2022). Determinants of Intention to use E-Government Services: An Integrated Marketing Relation View. *Telematics & Informatics, 68*, Article 101778.

Zhang, W., Chintagunta, P. K. & Kalwani, M. U. (2021). Social Media, Influencers, and Adoption of an Eco-Friendly Product: Field Experiment Evidence from Rural China. *Journal of Marketing, 85*(3), 10–27.

Zhang, Y., Weng, Q. & Zhu, N. (2018). The Relationships between Electronic Banking Adoption and its Antecedents: A Meta-Analytic Study of the Role of National Culture. *International Journal of Information Management, 40*, 76–87.

Zhao, Y., Ni, Q., & Zhou, R. (2018). What Factors Influence the Mobile Health Service Adoption? A Meta-Analysis and the Moderating Role of Age. *International Journal of Information Management, 43*, 342–350.

Zhu, J. J. H. & He, Z. (2002). Diffusion, Use and Impact of the Internet in Hong Kong: A Chain Process Model. *Journal of Computer-Mediated Communication, 7*(2).

Zillien, N. & Haufs-Brusberg, M. (2014). *Wissenskluft und Digital Divide*. Nomos.

Bildnachweise

- Porträt Everett M. Rogers: Foto von Arvind Singhal, mit freundl. Genehmigung von Mr. Singhal
- Porträt Gabriel de Tarde: http://www2.warwick.ac.uk/fac/soc/philosophy/people/postgraduates/pyrgah/
- Porträt Georg Simmel: http://germanhistorydocs.ghi-dc.org/sub_image.cfm?image_id=1669

Bisher in der Reihe erschienene Bände

Band 1: Agenda-Setting
Von Marcus Maurer, 2., aktualisierte Auflage 2017, 110 S., brosch., 19,90 €,
ISBN 978-3-8487-4022-2

Band 2: Nachrichtenwerttheorie
Von Michaela Maier, Joachim Retzbach, Isabella Glogge, Karin Stengel, 2., aktualisierte Auflage 2018, 174 S., brosch., 21,90 €,
ISBN 978-3-8487-4234-9

Band 3: Parasoziale Interaktion und Beziehungen
Von Tilo Hartmann, 2., aktualisierte Auflage 2017, 130 S., brosch., 21,90 €,
ISBN 978-3-8487-4264-6

Band 4: Theory of Reasoned Action - Theory of Planned Behavior
Von Constanze Rossmann, 2021, 173 S., brosch., 24,00 €,
ISBN 978-3-8487-4576-0

Band 5: Das Elaboration-Likelihood-Modell
Von Christoph Klimmt und Magdalena Rosset, 2., aktualisierte Auflage 2020, 124 S., brosch., 21,90 €,
ISBN 978-3-8487-6031-2

Band 6: Diffusionstheorien
Von Veronika Karnowski, 2., aktualisierte Auflage 2017, 113 S., brosch., 20,90 €,
ISBN 978-3-8487-2249-5

Band 7: Schweigespirale
Von Thomas Roessing, 2. Auflage 2019, 112 S., brosch., 21,90 €,
ISBN 978-3-8487-4868-6

Band 8: Third-Person-Effect
Von Marco Dohle, 2., aktualisierte Auflage 2017, 122 S., brosch., 21,90 €,
ISBN 978-3-8487-4590-6

Band 9: Domestizierung
Von Maren Hartmann 2013, 173 S., brosch., 19,90 €,
ISBN 978-3-8329-4279-3

Band 10: Framing
Von Jörg Matthes, 2., aktualisierte Auflage 2021, 105 S., brosch., 19,90 €,
ISBN 978-3-8329-5966-1

Bisher in der Reihe erschienene Bände

Band 11: Determination, Intereffikation, Medialisierung
Theorien zur Beziehung zwischen PR und Journalismus
Von Wolfgang Schweiger, 2013, 145 S., brosch., 19,90 €,
ISBN 978-3-8329-6935-6

Band 12: Wissenskluft und Digital Divide
Von Nicole Zillien und Maren Haufs-Brusberg, 2014, 121 S., brosch., 19,90 €,
ISBN 978-3-8329-7857-0

Band 13: Fallbeispieleffekte
Von Benjamin Krämer, 2., aktualisierte Auflage 2021, 134 S., brosch., 19,90 €,
ISBN 978-3-8487-0599-3

Band 14: Priming
Von Bertram Scheufele, 2., vollständig überarbeitete, aktualisierte und erweiterte Auflage 2022, 159 S., brosch., 24,00 €,
ISBN 978-3-8487-7269-8

Band 15: Presence and Involvement
Von Matthias Hofer, 2016, 123 S., brosch., 19,90 €,
ISBN 978-3-8487-1508-4

Band 16: Gatekeeping
Von Ines Engelmann, 2016, 126 S., brosch., 19,90 €,
ISBN 978-3-8487-1349-3

Band 17: Konsistenztheorien & Selective Exposure
Von Arne Freya Zillich, 2019, 122 S., brosch., 19,90 €,
ISBN 978-3-8487-3072-8

Band 18: Medialisierung und Mediatisierung
Von Thomas Birkner, 2., aktualisierte Auflage 2019, 132 S., brosch., 21,90 €
ISBN 978-3-8487-5884-5

Band 19: Meinungsführer und der Flow of Communication
Von Stephanie Geise, 2017, 180 S., brosch., 24,90 €
ISBN 978-3-8487-3229-6

Band 20: Wirkungstheorien der Medien-und-Gewaltforschung
Von Astrid Zipfel, 2019, 220 S., brosch., 26,90 €
ISBN 978-3-8487-4181-6

Band 21: Kultivierungsforschung
Von Christine E. Meltzer, 2019, 112 S., brosch., 19,90 €
ISBN 978-3-8487-4839-6

Band 22: Narrative Persuasion
Von Freya Sukalla, 2019, 146 S., brosch., 21,90€
ISBN 978-3-8487-4146-5

Band 23: Uses and Gratifications
Von Denise Sommer, 2019, 150 S., brosch., 21,90€
ISBN 978-3-8329-6807-6